Olympia Vidal-Ribas

cool barcelona

índex / contents / índice

RIBERA-EL BORN

12 | A1   palau de la música
14 | A2   nomad coffee
15 | A3   cal pep
16 | A4   cuines de santa caterina
18 | A5   restaurant comerç,24
20 | A6   deuce coop. james turrell
22 | A7   homenatge a picasso. antoni tàpies
24 | A8   la comercial
26 | A9   coquette
28 | A10   born. jaume plensa
30 | A11   hofmann pastisseria
31 | A12   la campana
32 | A13   el rei de la màgia
34 | A14   museu picasso
36 | A15   el xampanyet
38 | A16   casa gispert
40 | A17   església de santa maria del mar
42 | A18   bubó
44 | A19   vila viniteca

BARRI GÒTIC

50 | B1   papabubble
52 | B2   cereria subirà
54 | B3   saló del tinell
56 | B4   sombrereria obach
58 | B5   schilling
60 | B6   cafè de l'òpera
61 | B7   granja dulcinea
62 | B8   ganiveteria roca
64 | B9   la pineda
65 | B10   oro liquido
66 | B11   caelum
67 | B12   sabater hermanos
68 | B13   heritage
70 | B14   restaurant shunka
72 | B15   restaurant koy shunka

EL RAVAL

78 | C1   viena
80 | C2   boadas cocktail bar
81 | C3   granja viader
82 | C4   restaurant flax & kale
84 | C5   museu d'art contemporani de barcelona (MACBA)
85 | C6   roomservice bcn
86 | C7   la central del raval
88 | C8   dos palillos / hotel camper
90 | C9   barcelonareykjavik
92 | C10   mercat de la boqueria / bar pinotxo
94 | C11   pastisseria escribà
96 | C12   restaurant suculent
97 | C13   bar cañete
98 | C14   la monroe

MONTJUÏC-POBLE SEC

104 | D1   quimet i quimet
106 | D2   restaurant xe-mei
108 | D3   restaurant tickets
110 | D4   restaurant pakta
111 | D5   bodega 1900
112 | D6   restaurant espai kru
114 | D7   fundació joan miró
116 | D8   jardí botànic
118 | D10   pavelló mies van der rohe
119 | D11   caixaforum

SARRIÀ-SANT GERVASI-GRÀCIA

124 | E1   gouthier
126 | E2   jofré
128 | E3   oriol balaguer
130 | E4   café de paris
131 | E5   lola bou
132 | E6   la masia de la boqueria
133 | E7   restaurant hofmann
134 | E8   flash flash
136 | E9   restaurant coure
138 | E10 restaurant roig robi
140 | E11 nobodinoz
142 | E12 ox

L'ESQUERRA DE L'EIXAMPLE

148 | F1   restaurant yashima
150 | F2   jean pierre bua
152 | F3   bar velódromo
154 | F4   speakeasy / dry martini
156 | F5   restaurant boca grande
158 | F6   restaurant tragaluz
160 | F7   santa eulalia
162 | F8   the avant
164 | F9   taktika berri

165 | F10 restaurant tanta
166 | F11 la castafiore
168 | F12 colmado quilez
170 | F13 taller de norman vilalta
172 | F14 restaurant monvinic
174 | F15 illa de la discòrdia

LA DRETA DE L'EIXAMPLE

180 | G1   bar mut / mutis
182 | G2   the outpost
184 | G3   roca moo / hotel omm
186 | G4   vinçon
188 | G5   jaime beriestain
190 | G6   casa milà
192 | G7   noténom / odd
194 | G8   colmado múrria
196 | G9   luthier
198 | G10 ravell
199 | G11 restaurant valentin
200 | G12 tapaç,24
201 | G13 laie
202 | G14 restaurant dos cielos

BARCELONETA-VILA OLÍMPICA

208 | H1   restaurant arola
209 | H2   restaurant agua
210 | H3   l'estel ferit. rebecca horn
212 | H4   una habitación donde siempre llueve. juan muñoz
214 | H5   restaurant bravo 24 / hotel W
216 | H6   baluard barceloneta
217 | H7   el vaso de oro
218 | H8   restaurant torre d'altamar
220 | H9   sense titol. jannis kounellis
221 | H10 crescendo appare. mario merz

fent un volt / walking around / dando una vuelta

per prendre alguna cosa / having a drink / para tomar algo

restaurants / restaurants / restaurantes

delicatessen / delicatessen shops / delicatessen

botigues / shops / tiendas

llocs especials / specials places / lugares especiales

Fer un volt, aturar-se en alguna botiga *delicatessen* amb productes aptes per als gourmets més exigents, prendre alguna cosa abans d'asseure'ns a la taula del restaurant indicat, sortir de botigues i, si pot ser, visitar els *llocs més especials* i característics de la ciutat són els desitjos de qualsevol visitant (o habitant) de Barcelona, una de les ciutats europees amb una oferta turística més gran i més exigent. Amb *Fent un volt* ( ) podem percebre bona part dels arguments que avalen l'afirmació anterior: l'arquitectura equilibrada, la intervenció subtil de la mà de l'artista a través de l'escultura pública o l'oferta cultural rica dels espais museístics.

Per tradició, a més, Barcelona disposa d'espais múltiples que podríem qualificar com a *delicatessen* ( ): de les adrogueries, amb gran varietat de productes ultramarins, fins a les pastisseries i fleques més exigents que han sabut conjuminar els nous conceptes d'elaboració amb la rica tradició heretada.

Una herència que sens dubte és també present en la proposta àmplia i substancial de la ciutat a l'hora de *sustentar-nos* en el nostre trajecte. *Per prendre alguna cosa* ( ) disposem de llocs centenaris (granges), enoteques modernes o espais que han sabut repensar la tradicional "tapa" per oferir alguns dels bocins més exquisits als quals podem optar en l'àmbit del *fast good*. En cas que el nostre manteniment necessiti més suport, Barcelona té alguns dels *restaurants* ( ) més agradables del continent. Aquí hem recollit, sense tenir en compte cap tipus de fama, aquells que ens sembla que poden reflectir, per la cuina i ubicació, l'esperit culinari, mediterrani i contemporani de la ciutat.

Per descomptat, Barcelona disposa, com qualsevol altra gran ciutat, de boutiques i botigues de les marques més importants amb presència internacional. Indiquem únicament aquelles *botigues* ( ) multimarca que han sabut reunir sota la seva firma les aportacions principals del disseny contemporani.

Sota l'epígraf *llocs especials* ( ) es reuneix l'oferta més inclassificable i, possiblement, més característica de la ciutat: de l'antiquari al luthier i del sabater a la botiga de fruita seca. Llocs semblen encara il·luminats per una llum vocacional.

Finalment, cal fer referència a la doble estructura que articula els continguts de la guia, ja que a l'esmentada classificació tipològica se'n superposa una altra de geogràfica, que permet un recorregut de la ciutat per itineraris de manera que hi podem percebre en cadascun els diversos tipus.

Per a un maneig més fàcil, a cada tipologia se li ha assignat un color, la qual cosa permetrà una recerca més ràpida i completa.

Walk around, linger in a *delicatessen* shop with products fit for the most demanding gourmets, *enjoy a drink* before taking your place at the table of a *restaurant* that's just right, go on a *shopping* trip and, if you can, visit the most emblematic and *special places* in the city – this is what any visitor (or resident) would like to do when in Barcelona, which offers one of Europe's best and most demanding range of touristic sites.

Walking around (⬜) gives you the chance to see for yourself the best proof of the above statement: its balanced architecture, the subtle touch of an artist's hand through public sculpture, or the rich cultural offer of its museums. By tradition, furthermore, Barcelona has a multitude of spaces that we could qualify as *delicatessen shops* (⬜): a neighborhood grocery store, with its wide variety of fresh and packaged products, to the most demanding patisseries and bakeries, which have the know-how to combine new production techniques with a rich traditional heritage.

A heritage that without a doubt is also present in the city's wide and substantial offering as we seek *sustenance* on our journeys. For *having a drink* (⬛) we have century-old locales (cafés), modern wine cellars or spaces that have cleverly rethought the traditional "tapa" to put forward some of the most exquisite snacks that exist in the fast food arena. In such cases in which our stomachs demand something more substantial, Barcelona has some of the most enjoyable

restaurants (⬛) on the continent. Here we have gathered, with no mind to fame, those restaurants that to us seem to reflect in their cuisine and location the culinary, Mediterranean and contemporary spirit of the city. Of course, Barcelona has, as any other great city, a selection of boutiques and shops that carry the most important international labels. This book highlights only those *shops* (⬛) that carry multiple brands and with a keen eye to bringing together the biggest contributors to contemporary design.

Within the topic of *special places* (⬛), we have created a collection of the most unclassifiable and possibly most characteristic sites the city has to offer: from the antique dealer to the violin maker, and from the shoemaker to the shop devoted to dried fruits and nuts. Those places that seem to still emit a visionary soul within their vocation. Finally, it is important to note the double structure in which the content is organized. Superimposed on the types of sites mentioned above is also a geographical classification. This allows you to plan your itinerary through the city with a map that identifies places by their classifications. For easier navigation of this book, each type of site has been assigned a color, allowing for faster and more comprehensive searches.

Dar una vuelta, detenerse en alguna tienda *delicatessen* con productos aptos para los más exigentes gourmets, *tomar algo* antes de sentarnos en la mesa del *restaurante* indicado, salir de *tiendas* y, a ser posible, visitar los *lugares más especiales* y característicos de la ciudad son los deseos de cualquier visitante (o habitante) de Barcelona, una de las ciudades europeas con mayor y más exigente oferta turística.
Dando una vuelta ( ) uno puede percibir buena parte de los argumentos que avalan la afirmación anterior: su equilibrada arquitectura, la sutil intervención de la mano del artista a través de la escultura pública, o la rica oferta cultural de sus espacios museísticos.
Por tradición, además, Barcelona dispone de múltiples espacios que podríamos calificar como *delicatessen* (■): de los colmados, con gran variedad de productos ultramarinos, hasta las más exigentes pastelerías y panaderías que han sabido aunar los nuevos conceptos de elaboración con la rica tradición heredada.
Una herencia que sin duda está también presente en la amplia y sustancial propuesta de la ciudad a la hora de *sostenernos* en nuestra andadura. *Para tomar algo* (■) disponemos de lugares centenarios (granjas), modernas enotecas, o espacios que han sabido repensar la tradicional «tapa» para ofrecer algunos de los más exquisitos bocados a los que podemos optar en el ámbito del *fast good*. En el caso de que nuestro sustento necesite un mayor apoyo, Barcelona dispone de algunos de los más agradables restaurantes (■) del continente. Aquí hemos recogido, sin atender a estrellato alguno, aquellos que nos parece que pueden reflejar por su cocina y ubicación, el espíritu culinario, mediterráneo y contemporáneo, de la ciudad.
Por supuesto, Barcelona dispone, como cualquier otra gran ciudad, de boutiques y tiendas de las más importantes marcas con presencia internacional. Indicamos únicamente aquellas *tiendas* (■) multimarca que han sabido reunir bajo su firma las principales aportaciones del diseño contemporáneo.
Bajo el epígrafe *lugares especiales* (■) se reúne la oferta más inclasificable y, posiblemente, más característica de la ciudad: del anticuario al luthier y del zapatero a la tienda de frutos secos. Aquellos que parecen todavía iluminados por una luz vocacional.
Por último, hacer referencia a la doble estructura que articula los contenidos de la guía ya que, a la mencionada clasificación tipológica, se superpone otra geográfica, que permite un recorrido de la ciudad por itinerarios, de modo que podemos percibir en cada uno de ellos los diversos tipos. Para un más fácil manejo, a cada tipología se le ha asignado un color, lo que permitirá una búsqueda más rápida y completa.

RIBERA-EL BORN

A1   palau de la música
A2   nomad coffee
A3   cal pep
A4   cuines de santa caterina
A5   restaurant comerç, 24
A6   deuce coop. james turrell
A7   homenatge a picasso. antoni tàpies
A8   la comercial
A9   coquette
A10 born. jaume plensa
A11 hofmann pastisseria
A12 la campana
A13 el rei de la màgia
A14 museu picasso
A15 el xampanyet
A16 casa gispert
A17 església de santa maria del mar
A18 bubó
A19 vila viniteca

ribera-el born

La Via Laietana, oberta el 1907, separa el Gòtic de la zona coneguda avui com el Born, que es correspon amb el barri de la Ribera de la Barcelona medieval. Té el seu origen en el segle x, amb una població d'origen àrab que es va assentar al costat de la platja. Més tard s'hi van instal·lar comerciants jueus, aristòcrates i mariners. El nom de «Ribera» va sorgir perquè la vida de la zona estava lligada al curs d'aigua que la creuava, una gran sèquia que portava aigua del riu Besòs. Aquesta és, igual que el Raval, una zona d'immigració on podem comprar pastissets àrabs, artesania africana o ballar al so caribeny. Malgrat els començaments humils com a assentament construït sobre un espai medieval dedicat a justes i celebracions, el Born ha crescut fins arribar a convertir-se en un dels llocs més moderns de la ciutat, referent per a visitants estrangers que decideixen instal·lar-s'hi una temporada.

Via Laietana, opened in 1907, is the avenue that separates the Barri Gòtic from the area known today as the Born, which in medieval Barcelona was called La Ribera. The Born has its roots in the 10th century, where a group of Arabics settled along the beach. Later, Jewish traders, aristocrats and sailors set up in the area. The name "Ribera," or riverbank, arose from the settlers' close ties to the watercourse crisscrossing the area, a channel that brought water from the Besòs river. Like the Raval, the Born is a neighborhood characterized by immigration where one can buy Arabian pastries, African handicrafts or dance to Caribbean beats. Despite its humble beginnings as a settlement atop medieval jousting and festival grounds, the Born has emerged as one of the most modern parts of the city and the top choice for long-term visitors to make their home.

La Via Laietana, abierta en 1907, separa el Gòtic de la zona conocida hoy como el Born, que se corresponde con el barrio de la Ribera de la Barcelona medieval. Tiene su origen en el siglo x, con una población de origen árabe que se asentó junto a la playa. Más tarde se instalaron en él comerciantes judíos, aristócratas y marineros. El nombre de «Ribera» surgió debido a que la vida de la zona estaba ligada al curso de agua que la cruzaba, una gran acequia que traía agua del río Besòs. Ésta es, al igual que el Raval, una zona de inmigración donde podemos comprar pastelitos árabes, artesanía africana o bailar al son caribeño. A pesar de sus humildes comienzos como asentamiento construido sobre un espacio medieval dedicado a justas y celebraciones, el Born ha crecido hasta convertirse en uno de los lugares más modernos de la ciudad, referente para visitantes extranjeros que deciden instalarse una temporada.

palau de la música
lluís domènech i montaner

(1905-1908)

sant pere més alt, s/n   t. 902442882 / f. 932957208

▶ Ⓜ L 1 i L4 (urquinaona)
🚌 L 16, 17, 19, 39, 40, 41, 42, 45, 47, 55, 62, 141
www.palaumusica.org
taquilles@palaumusica.org

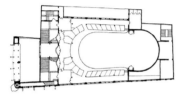

Lluís Domènech i Montaner va ser l'encarregat de donar vida a les pedres que en el període de 1905 a 1908 es van convertir en aquest edifici modernista majestuós. L'arquitecte va tenir cura del més mínim detall, i va fondre les formes constructives de la façana, dels conjunts escultòrics i les formes decoratives de la sala de concerts en una totalitat amarada d'imaginació i simbolisme. L'interior és especialment atractiu pels dos conjunts escultural·ls que flanquegen la sala, presidits per Beethoven i Clavé, i per la il·luminació natural aconseguida mitjançant una esplèndida cúpula vitrallada.

Catalan architect Lluís Domènech i Montaner was the master that breathed life into the stones that, from 1905 to 1908, were transformed into this majestic Modernist construction. The architect cared for even the most minute detail, fusing the palace's different structural elements—from the façade to the collection of sculptures and ornamentation—into a singular piece laden with imagination and symbolism. The hall's interior is especially attractive with its two sets of sculptures that flank each side, presided over by Beethoven and Clavé, and the natural lighting achieved through the hall's magnificent stained-glass dome.

Lluís Domènech i Montaner fue el encargado de dar vida a las piedras que en el período de 1905 a 1908 se convirtieron en este majestuoso edificio modernista. El arquitecto cuidó hasta el más mínimo detalle, fundiendo las formas constructivas de la fachada, los conjuntos escultóricos y las formas decorativas de la sala de conciertos en una totalidad cargada de imaginación y simbolismo. Su interior se hace especialmente atractivo por los dos conjuntos esculturales que flanquean la sala, presididos por Beethoven y Clavé, y por la iluminación natural conseguida mediante una espléndida cúpula vidriada.

nomad coffee

passatge de sert, 12   t. 679656953

▶ Ⓜ L 1 i L4 (urquinaona)
🚌 L 17, 19, 39, 40, 41, 42, 45, 55, 120, 141
nomadcoffeeproductions.com

Als matins, i obert al públic, hi trobaràs el bicampió nacional de baristes, Jordi Mestre, de Nomad Coffee Productions. Selecciona el cafè verd, crea diferents *blends,* el torra i te'l prepara.
Si ets cafeter, acosta't-hi per tastar els cafès exprés, els caputxinos, els *flat whites* i els talladets, així com per descobrir una àmplia selecció de mètodes per preparar *slow coffee, cold brew,* ...
A les tardes, el local esdevé una acadèmia, on es divulga la cultura d'aquesta beguda estimulant als professionals i amants del cafè.

Come in the mornings when this coffeehouse is open to the public and you'll meet the two-times champion of baristas Jordi Mestre of Nomad Coffee Productions. He selects the green beans, creates his own blends, roasts them, and prepares your coffee for you.
If you're a coffee enthusiast, drop in and sample their espresso, cappuccino, flat whites, and cortaditos, as well as their extensive range of slow coffee, cold brew…
In the afternoon, the café becomes an academy that promotes the coffee culture to coffee professionals and connoisseurs.

Por las mañanas y abierto al público te encontraras con el bi-campeón nacional de baristas, Jordi Mestre de Nomad Coffee Productions. Él selecciona el café verde, crea sus blends, lo tuesta y te lo prepara.
Si eres cafetero, visítalos y pásate a catar cafés expreso, cappuccino, flat whites, cortaditos y una extensa selección de métodos de slow coffee, cold brew…
Por las tardes, el local se convierte en una academia de café donde se divulga la cultura del producto a profesionales y amantes.

cal pep

plaça de les olles, 8   t. 933107961 / f. 933196281

◀ ⓜ L 4 (jaume I)
🚌 L 14, 17, 19, 39, 40, 45, 51, 120
www.calpep.com
calpep@calpep.com

Cal Pep és un establiment petit i concorregut que ofereix una cuina fresca, viva i informal, de preparació fàcil i elaboració ràpida. A la llarga barra es tracten els plats com si fossin tapes, i en el petit menjador hom pot gaudir també d'aquestes tapes i d'una cuina mediterrània pròpia i amb denominació d'origen, amb tocs personals d'en Pep segons el producte més adient en cada època de l'any. A pocs metres, hi ha el seu germà gran, el Passadís del Pep.

Cal Pep is a small yet popular establishment that offers a fresh, lively and informal cuisine of uncomplicated, quick dishes. The dishes are served on Cal Pep's long bar, like tapas, or served in the small dining room, which also features Mediterranean fare with guarantees of origin and Pep's own personal touch, created according to in-season products. Just a few steps away is Cal Pep's big brother, El Passadís del Pep.

Cal Pep es un pequeño y concurrido establecimiento que ofrece una cocina fresca, viva e informal de preparación fácil y elaboración rápida. En su larga barra se tratan los platos como si de tapas se tratara, al igual que en su pequeño comedor se puede disfrutar también de ellas y de una cocina mediterránea propia y con denominación de origen, con toques personales de Pep según el producto más adecuado en cada época del año. A pocos metros de éste se encuentra su hermano mayor, el Passadís del Pep.

mercat de santa caterina / av. de francesc cambó, 20   t. 932689918

▶   Ⓜ L 4 (jaume I)
🚌 L 17, 19, 40, 45
www.cuinessantacaterina.com

Entra en el mercat barceloní de Santa Caterina, passeja per les parades suggeridores i fes una parada *gourmet* en el seu restaurant espectacular. Un ambient informal i peculiar que ofereix quatre cuines futuristes amb plats diversos: l'opció vegetariana, amb amanides, sucs naturals de fruites i verdures, curatius, (una cosa insòlita: el suc de gespa); la mediterrània, on se serveixen arrossos, pastes fresques i plats tradicionals; l'oriental, amb sabors asiàtics, *sushi*, pollastre *thai*, *tempura*, ànec Pequín...; i, finalment, la de tapes i *platillos*, on pots esmorzar o fer la compra i degustar alguna cosa mentre cuinen a la vista.

Food lovers should be sure to visit Barcelona's Santa Caterina market. Take a stroll through its inviting stalls, and make a stop for gourmet delights in its spectacular restaurant. The restaurant's informal, one-of-kind atmosphere offers four forward-thinking cuisines and a range of dishes: vegetarian, with its salads, fruit and vegetable juices and curatives (for something unusual, try their grass juice); Mediterranean, serving rice, fresh pasta and other traditional dishes; Asian, with a range of favorites including sushi, Thai chicken, tempura and Peking duck; and finally, tapas and *platillos* (smaller portioned dishes), where you can enjoy breakfast or do some shopping and sampling while viewing the action in the open kitchen.

Entra en el mercado barcelonés de Santa Caterina, paséate por sus sugerentes puestos y haz una parada *gourmet* en su espectacular restaurante. Un ambiente informal y peculiar que ofrece cuatro cocinas futuristas con platos diversos: la opción vegetariana, con ensaladas, zumos naturales de frutas y verduras, curativos, (algo insólito; el zumo de césped); la mediterránea, donde se sirven arroces, pastas frescas y platos tradicionales; la oriental, con sabores asiáticos, *sushi*, pollo *thai*, *tempura*, pato Pekín...; y, finalmente, la de tapas y «platillos», donde puedes desayunar o hacer la compra y degustar algo mientras se cocina a la vista.

A5

comerç, 24   t. 933192102

▶ L 1 (arc de triomf)
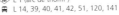 L 14, 39, 40, 41, 42, 51, 120, 141
www.comerc24.com
info@comerc24.com

Carles Abellán va créixer com a mag de la cuina a El Bulli i, més tard, va ser al capdavant del restaurant Talaia. Després d'haver passat per la posada en marxa de la nova Hacienda Benazuza, novament al costat de Ferran Adrià, va decidir finalment apostar per Comerç,24. El restaurant abandera la cuina que manté l'equilibri entre creació i tradició. Ocupa un antic comerç de salaons i conserves que es va convertir en un ampli espai industrial. La decoració abasta els cànons del minimalisme més estricte amb tocs multicolors i divideix el local en tres atmosferes. Una aposta segura en la competitiva restauració barcelonina.

Chef Carles Abellán honed his mastery of cooking in the world-renowned restaurant El Bulli alongside celebrated chef Ferran Adrià; later, he headed the restaurant Talaia. After helping launch the new Hacienda Benazuza, where he once again collaborated with Adrià, he forged his own kitchen at Comerç,24. The restaurant champions a cuisine that maintains a balance between creativity and tradition. The spot occupies an old salting and curing shop that was later converted into a large industrial space. The decoration embraces the canons of the strictest minimalism with touches of multicolored highlights and is divided into three sections. Comerç,24 is a safe bet in the city's competitive restaurant industry.

Carles Abellán creció como mago de la cocina en El Bulli y, más tarde, estuvo al frente del restaurante Talaia. Tras haber pasado por la puesta en marcha de la nueva Hacienda Benazuza, de nuevo junto a Ferran Adrià, decidió finalmente apostar por Comerç,24. El restaurante abandera la cocina que mantiene el equilibrio entre creación y tradición. Ocupa un antiguo comercio de salazones y conservas que se convirtió en un amplio espacio industrial. La decoración abarca los cánones del minimalismo más estricto con toques multicolores y divide el local en tres atmósferas. Una apuesta segura en la competitiva restauración barcelonesa.

deuce coop

james turrell

1992

A l'Antiga Caserna de Sant Agustí, avui Centre Cívic Convent de Sant Agustí, Turrell subratlla, amb una distribució acurada de llum cromàtica, el trajecte en «T» que desemboca en el claustre ocult del convent. El seu «passadís perceptiu» afegeix una dimensió artística inesperada a l'extraordinari recorregut conformat per la història. Les obres de Turrell es configuren a base de projeccions lumíniques difuses o d'una resolució elevada, que accentuen, alteren o subdivideixen els espais interiors, o també mitjançant absorcions arquitectòniques de llum exterior.

In Antiga Caserna de Sant Agustí, nowadays Centre Cívic Convent de Sant Agustí, Turrell uses carefully crafted chromatic light distribution to highlight a T-shaped path that flows into the convent's hidden cloister. His so-called "perceptive passageway" adds an unexpected artistic dimension to this extraordinary journey through time. Turrell's works are based on diffuse or high-resolution light projections, which accentuate, alter or break up interior spaces or use architectural manipulation to absorb outdoor light.

En la Antiga Caserna de Sant Agustí, hoy Centre Cívic Convent de Sant Agustí, Turrell subraya, con una cuidadosa distribución de luz cromática, el trayecto en «T» que desemboca en el claustro oculto del convento. Su «pasadizo perceptivo» añade una inesperada dimensión artística al extraordinario recorrido conformado por la historia. Las obras de Turrell se configuran a base de proyecciones lumínicas difusas o de elevada resolución, que acentúan, alteran o subdividen espacios interiores, o también mediante absorciones arquitectónicas de luz exterior.

homenatge a picasso

antoni tàpies

1983

▶ Ⓜ L 4 (jaume I), 1 (arc del triomf)
🚌 L 14, 17, 19, 39, 40, 45, 51, 120

Amb motiu del centenari del naixement del pintor malagueny, en el passeig que duu el seu nom, contigu al Parc de la Ciutadella, es va instal·lar *Homenatge a Picasso*. Antoni Tàpies va crear una peça formada per un gran cub de vidre de 64 m^2 del qual cau una cortina d'aigua. A primera vista no se sap a qui està dedicada l'obra, però una observació més detallada permet descobrir el llençol blanc que recorda la tela esquinçada d'un pintor. La cortina d'aigua no deixa veure amb claredat l'interior, un espai ple d'objectes en rebel·lió —estat permanent del pintor malagueny.

On the centennial of Picasso's birth, this Tàpies piece pays homage to the Malaga-born Picasso, installed in the passageway adjacent to Ciutadella park that carries his name. Antoni Tàpies created a piece comprised of a large, 64 m^2 (689 ft.^{2}) glass cube draped by a curtain water. At first glance, it may not be clear to whom this sculpture is dedicated, but a closer look reveals a white sheet reminiscent of a certain painter's torn canvas. The curtain of water obscures what lies within: a space strewn with upturned objects—a tribute to the permanent state of Malaga's most celebrated painter.

Con motivo del centenario del nacimiento del pintor malagueño, en el paseo que lleva su nombre, contiguo al parque de la Ciutadella, se instaló *Homenatge a Picasso*. Antoni Tàpies creó una pieza formada por un gran cubo de vidrio de 64 m^2 del que cae una cortina de agua. A primera vista no se sabe a quién está dedicada la obra pero una observación más detallada permite descubrir la sábana blanca que recuerda la tela rasgada de un pintor. La cortina de agua no deja ver con claridad el interior, un espacio lleno de objetos en rebelión —estado permanente del pintor malagueño.

la comercial

rec, 52   t. 933193463 / f. 933150586

▶ Ⓜ L 4 (jaume I)
🚌 L 14, 17, 39, 40, 45, 51
www.lacomercial.info
info@lacomercial.info
(per a casa:
lacomercialcasa@lacomercial.info)

altres / others / otros
rec, 73   t. 933192435
rec, 77   t. 933104968
bonaire, 4   t. 932954630

Un espai detallista creat amb una sola finalitat: gaudir de la moda. Té una col·lecció àmplia i selecta en moda masculina i femenina que inclou dissenyadors com Paul Smith, Karl Lagerfeld, Sonia Rykiel o Isabel Marant, entre altres marques mundialment respectades. També s'hi pot trobar una selecció acurada de complements i una gamma àmplia de perfums: fins i tot, s'ofereix l'assessorament d'un perfumista que aconsegueix fer despertar els sentits.

A meticulous space with a singular purpose: to take pleasure in fashion. La Comercial has a large, select collection of men's and women's fashion that includes designers such as Paul Smith, Karl Lagerfeld, Sonia Rykiel or Isabel Marant, among other globally respected brands. The shopper can also find a careful selection of accessories and a wide range of perfumes. The store's own perfumer will give you a personal assessment designed to stir the senses.

Un espacio detallista creado con un solo fin: disfrutar de la moda. Tiene una amplia y selecta colección en moda masculina y femenina que incluye diseñadores como Paul Smith, Karl Lagerfeld, Sonia Rykiel o Isabel Marant, entre otras marcas mundialmente respetadas. También se puede encontrar una cuidada selección de complementos y una amplia gama de perfumes: cuenta incluso con el asesoramiento de un perfumista que consigue despertar los sentidos.

coquette

rec, 65   t. 933192976

▶   Ⓜ L 4 (jaume I)
🚌 L 14, 17, 39, 40, 45, 51, 120
www.coquettebcn.com

altres / others / otros
bonaire, 5   t. 933103535
madrazo, 153   t. 934145106

En un mateix espai trobem els complements estrella i les peces clau del panorama nacional i internacional: Hoss-Intropia, Monoplaza o Magrit, Pinko, Isabel Marant, Masscob, Tara Jarmon o See by Chloé. Cal no oblidar les bosses de pell d'Erva, de Malababa i del qui va ser dissenyador de Louis Vuitton, Vincent du Sartel, així com les delicades peces de bijuteria de Pat's i Raquel Moreno. El lema de la botiga és: *born to be beautiful.*

Top-of-the-line accessories and must-have garments of the national and international panorama are gathered in a single space, with national and international brands: Hoss-Intropia, Monoplaza or Magrit; and Pinko, Isabel Marant, Masscob, Tara Jarmon or See by Chloé. Also worth a mention are the leather bags by Erva, Malababa and Vincent du Sartel—a one-time designer for Louis Vuitton—as well as the delicate costume jewelry by Pat's and Raquel Moreno. The motto of this store is: *born to be beautiful.*

En un mismo espacio encontrarás los complementos estrella y las prendas clave del panorama nacional e internacional: Hoss-Intropia, Monoplaza o Magrit, Pinko, Isabel Marant, Masscob, Tara Jarmon o See by Chloé. No hay que olvidar los bolsos de piel de Erva, de Malababa y del que fue diseñador de Louis Vuitton, Vincent du Sartel, así como las delicadas piezas de bisutería de Pat's y Raquel Moreno. El lema de la tienda es: *born to be beautiful.*

born

jaume plensa

1992

 L 4 (jaume I)
L 14, 17, 39, 40, 45, 51, 120

Aquesta escultura de Jaume Plensa és una de les vuit peces de la mostra *Configuracions Urbanes* que l'Olimpíada Cultural va promoure el 1992. Es compon de diferents elements metàl·lics disposats en el passeig del Born. Seguint l'estil auster del gòtic català, Plensa va concebre formes senzilles i nítides amb materials massissos. L'esfera de les escalinates de Santa Maria del Mar en la qual es llegeix la paraula «Born», aquella altra gairebé oculta en l'arcada ombrívola o les que s'agrupen sota alguns bancs del passeig, i també el sarcòfag imponent que descansa sobre un d'ells, són comprensions de vivències interiors, residus d'experiències vitals.

This Jaume Plensa sculpture is one of eight pieces of the *Configuraciones Urbanas* (Urban Configurations) promoted during the 1992 Cultural Olympics. It comprises multiple metallic elements placed along the Passeig del Born. Following the austere style of Gothic Catalonia, Plensa conceived simple, clean forms with solid materials. The sphere on the steps of Santa Maria del Mar church, with an imprint of the word "Born;" another almost hidden in the shady arcade or those clustered under benches of the promenade; and the imposing sarcophagus resting on one of the benches—convey internalized experiences and residuals of life experiences.

Esta escultura de Jaume Plensa es una de las ocho piezas de la muestra *Configuraciones Urbanas* que la Olimpiada Cultural promovió en 1992. Se compone de diferentes elementos metálicos dispuestos en el paseo del Born. Siguiendo el estilo austero del gótico catalán, Plensa concibió formas sencillas y nítidas con materiales macizos. La esfera de las escalinatas de Santa Maria del Mar en la que se lee la palabra «Born», aquella otra casi oculta en la sombría arcada o las agrupadas bajo algunos bancos del paseo, y también el imponente sarcófago que descansa sobre uno de ellos, son comprensiones de vivencias interiores y residuos de experiencias vitales.

hofmann pastisseria

flassaders, 44   t. 932688221

▶   Ⓜ L 4 (jaume I)
🚌 L 14, 17, 39, 40, 45, 51, 120
www.hofmann-bcn.com
pasteleria@hofmann-bcn.com

A una cantonada del passeig del Born percebem aromes de xocolata i mantega, de pa, de sucre, de vainilla, de canyella i de caramel. Hi descobrim l'última aposta de Mey Hofmann: un racó on els somnis es fan realitat, la seva pastisseria. S'hi pot trobar un repertori ampli on no falten els pastissos, els seus pastissos més emblemàtics, brioixeria, cassoletes i individuals, gelats, confitures, bombons, *macarons*... amb el segell que sempre ha caracteritzat Hofmann. No deixis d'encarregar un pastís fet al teu gust personal per a una ocasió especial.

In a nook on Passeig del Born, the fragrant aroma of chocolate and butter, bread, sugar, vanilla, cinnamon and caramel all vie for your attention. Here we discover pastry chef Mey Hofmann's latest endeavor, a quiet corner where dreams come true: her bakery. Hofmann offers a varied repertoire in which cakes and pies, rolls and tarts, ice cream, preserves, chocolates and macaroons are never in short supply, each with the unmistakable Hofmann stamp. Be sure to order your cake, made to order, for that special occasion.

En una esquina del paseo del Born, se perciben aromas de chocolate y mantequilla, de pan, de azúcar, de vainilla, de canela y de caramelo. Descubrimos la última apuesta de Mey Hofmann: un rincón donde los sueños se hacen realidad, su pastelería. En ella se puede encontrar un amplio repertorio en el que no faltan sus tartas, sus pasteles más emblemáticos, bollería, tartaletas e individuales, helados, confituras, bombones, *macarons*... con el sello que siempre ha caracterizado a Hofmann. No dejes de encargar su pastel hecho a tu gusto para una ocasión especial.

la campana

princesa, 36   t. 933197296

▶ Ⓜ L 4 (jaume I)
🚌 L 17, 19, 40, 45, 51, 120
administracion@turroneslacampana.com

Aquesta gelateria-torroneria, fundada el 1890, per una família els orígens de la qual són a Xixona, ha respectat els processos tradicionals d'elaboració de torrons i gelats, tot i que no és l'única cosa que es conserva, ja que la decoració és la mateixa des de 1922, per la qual cosa l'Ajuntament de Barcelona li va concedir el premi «Guapos per sempre». Tenen quaranta-vuit varietats de gelats dividides en dues categories: fruita fresca i fruita seca. El seu altre producte estrella és el torró, que es ven durant tot l'any, així com també l'orxata artesanal de xufla, o els batuts a base de llet merengada.

Established in 1890, this shop serves ice cream and Spain's traditional sweet treat *turrón* (nougat). Founded by a family from Jijona, the region where turrón originated, this is a business that has respected the traditional processes for making turrón and ice cream. The décor has also remain unchanged since 1922, for which the Barcelona Town Hall awarded it the prize "Guapos per sempre," *forever beautiful*. The forty-eight flavors of ice cream are divided into two categories: fruits and nuts. The turrón, traditionally a Christmastime treat, is available year-round. Other regional specialties include: homemade *horchata*, a sweet drink made from nuts, or shakes made with *leche merengada*.

Esta heladería-turronería, fundada en 1890 por una familia cuyos orígenes estaban en Jijona, ha respetado los procesos tradicionales de elaboración de turrones y helados, aunque no es lo único que se conserva ya que la decoración es la misma desde 1922, razón por la cual el Ayuntamiento de Barcelona le concedió el premio «Guapos per sempre». Disponen de cuarenta y ocho variedades de helados divididas en dos categorías: fruta fresca y frutos secos. El otro producto estrella es el turrón, a la venta durante todo el año, además de poder degustar horchata de chufa artesanal, o batidos con base de leche merengada.

el rei de la màgia

princesa, 11   t. 933197393

► L 4 (jaume I)
🚌 L 17, 19, 40, 45, 51, 120
www.elreydelamagia.com
magia@elreydelamagia.com

Durant anys va ser l'única botiga especialitzada en il·lusionisme a tot Espanya. Fundada el 1881 pel famós prestidigitador Joaquim Partagàs, el qual va donar el relleu al seu deixeble Carlston (Carles Buchelli). Actualment i des de 1981, pertany al duo Capsa Màgica Teatre (Josep Maria Martínez i Rosa Maria Llop). L'experiència i l'antiguitat d'aquest establiment n'avalen el prestigi i li permeten oferir un repertori molt ampli de jocs de mans, demostracions, projectes per als professionals i cursos. També s'organitzen visites guiades al Museu del Rei de la Màgia.

For many years it was the only specialized magic shop in Spain. The shop was founded in 1881 by the famous conjurer Joaquim Partagàs, who later left it to his disciple Carlston (Carles Buchelli). Since 1981, the duo from Capsa Màgica Teatre (Josep Maria Martínez and Rosa Maria Llop) have taken the reins. The experience and longevity of this shop makes it prestigious and allows it to offer a wide range of sleight-of-hand tricks, demonstrations, projects for professionals and classes. Guided tours of the Rei de la Màgia museum are also available.

Durante años fue la única tienda especializada en ilusionismo de toda España. Fundada en 1881 por el famoso prestidigitador Joaquim Partagàs, éste dio el relevo a su discípulo Carlston (Carles Buchelli). En la actualidad y desde 1981, pertenece al dúo Capsa Màgica Teatre (Josep Maria Martínez y Rosa Maria Llop). La experiencia y antigüedad de este establecimiento avalan su prestigio y le permiten ofrecer un repertorio muy amplio de juegos de manos, demostraciones, proyectos para los profesionales y cursos. También se organizan visitas guiadas al Museu del Rei de la Màgia.

montcada, 15-23   t. 933196310 / f. 933150102

▶   Ⓜ L 4 (jaume I)
🚌 L 17, 19, 40, 45, 51, 120
www.museupicasso.bcn.cat

Les cinc mansions medievals que conformen el museu atresoren una col·lecció riquíssima de les primeres èpoques de l'artista: la rosa, la blava i la cubista (1881-1973). Les ampliacions successives consoliden el corredor lineal obert en paral·lel al carrer de Montcada. Tot i que l'artista va abandonar Espanya en esclatar la Guerra Civil i que després va refusar de tornar mentre Franco estigués en el poder, va mantenir sempre una relació estreta amb Barcelona, on es va formar i va conviure amb el món bohemi. Com a mostra del seu amor per aquesta ciutat, Picasso va donar 2.500 peces de la seva obra el 1970, a més de les que ja havia donat Jaume Sabartés.

The five medieval mansions that comprise the Picasso Museum store within a rich collection of the early pink, blue and cubist periods of the artist (1881-1973). The subsequent extensions were marked by the addition of two palaces, strengthening the lines of the open corridor that runs parallel to Montcada street. The artist left Spain at the outbreak of the Civil War and later refused to return as long as the dictator Franco was in power. Nevertheless, he always kept strong ties with Barcelona, where the bohemian culture formed and coexisted. As a symbol of his love for the city, Picasso donated 2,500 pieces of his works in 1970, adding to the ample collection already donated by Jaume Sabartés.

Las cinco mansiones medievales que conforman el museo atesoran una riquísima colección de las primeras épocas del artista: la rosa, la azul y la cubista (1881-1973). Las sucesivas ampliaciones consolidan el corredor lineal abierto en paralelo a la calle Montcada. Aunque el artista abandonó España al estallar la Guerra Civil y, tras ésta, rehusó volver mientras Franco estuviese en el poder, mantuvo siempre una estrecha relación con Barcelona, donde se formó y convivió con el mundo bohemio. Como muestra de su amor por esta ciudad, Picasso donó 2.500 piezas de su obra en 1970, además de las que ya había donado Jaume Sabartés.

montcada, 22   t. 933197003

▶   Ⓜ L 4 (jaume I)
🚌 L 17, 19, 40, 45, 51, 120

«Ca l'Esteve» deu el nom a la família que des de 1920 regenta el local, però sempre ha estat conegut com «El Xampanyet», gràcies al vi gasificat que, acompanyat d'anxoves, és el plat estrella d'aquesta taverna. L'ambient és fresc, familiar i informal. Després de passejar pels carrers estrets del Born, de submergir-se en la història de Ciutat Vella, de gaudir del Museu Picasso o de restar impressionat després de visitar Santa Maria del Mar, la millor manera de recuperar forces és fer una parada a «El Xampanyet». Resulta ideal a qualsevol hora del dia per a un aperitiu, un dinar o un piscolabis.

It's real name, "Ca l'Esteve," is owed to the family that has managed it since 1920. However, the location has always been known as "El Xampanyet," thanks to the bubbly wine that, with a side of anchovies, is the star of this tavern. The atmosphere is refreshing, familiar and informal. After wandering the narrow streets of the Born, submersing yourself in the history of the Ciutat Vella, enjoying the Picasso Museum or recovering from an awe-inspiring visit to Santa Maria del Mar, the best way to recharge is to drop by El Xampanyet. It's an ideal spot at any time of the day for an aperitif, meal or snack.

«Ca l'Esteve» debe su nombre a la familia que desde 1920 regenta el local, pero siempre ha sido conocido como «El Xampanyet», gracias al vino gasificado que, acompañado de anchoas, es el plato estrella de esta taberna. El ambiente es fresco, familiar e informal. Después de pasear por las estrechas calles del Born, de sumergirse en la historia de Ciutat Vella, de disfrutar del Museu Picasso o de quedar impresionado tras visitar Santa Maria del Mar, la mejor forma para recuperar fuerzas es hacer una parada en «El Xampanyet». Resulta ideal a todas horas del día para un aperitivo, una comida o un tentempié.

casa gispert

sombrerers, 23   t. 933197535 / f. 933197171

▶ Ⓜ L 4 (jaume I)
🚌 L 14, 17, 19, 40, 45, 120
www.casagispert.com
info@casagispert.com

Des de 1851, es torra cafè i fruita seca aquí diàriament i es venen al costat de tot tipus de fruites dessecades, mels, melmelades, infusions i te, i els exquisits *marron glacé*. Manté el forn de llenya, únic a Europa, que entre els ferros guarda la calor de les brases, així com el taulell original d'una peça, les prestatgeries de fusta, els calaixos alineats i els cabassos d'espart que mostren els torrats calents i fumejants. El 1999, la prestigiosa associació francesa *Les Gourmands Associés* va atorgar a Paris el premi Coq d'Or a la Casa Gispert, com a reconeixement a la qualitat dels seus productes, que destaca com un dels deu millors artesans europeus d'alimentació.

Since 1851, coffee and nuts are roasted and sold alongside dried fruit, honey, fruit preserves, infusions and tea, as well as exquisite *marron glacé*, or candied chestnut. Casa Gispert has kept its wood-burning oven, unique in Europe, which maintains the heat of the embers within the iron grill. The original one-piece counter, wood shelves, aligned drawers and display of hot, toasty products. In 1999 in Paris, the prestigious French association *Les Gourmands Associés* awarded the Coq d'Or to Casa Gispert in recognition of their quality products, one of the ten best food crafters in Europe.

Desde 1851, café y frutos secos se tuestan aquí y se venden junto a todo tipo de frutas desecadas, mieles, mermeladas, infusiones y té, y los exquisitos *marron glacé*. Mantiene su horno de leña, único en Europa, que entre los hierros guarda el calor de las brasas, así como el mostrador original de una pieza, las estanterías de madera, los cajones y los cenachos de esparto que muestran los tostados calientes y humeando. En 1999, la prestigiosa asociación francesa *Les Gourmands Associés* otorgó en París el premio Coq d´Or a la Casa Gispert, como reconocimiento a la calidad de sus productos, que destaca como uno de los diez mejores artesanos europeos de alimentación.

església de santa maria del mar

berenguer montagut i
ramon despuig

1329-1384

plaça de santa maria del mar

▶   <M> L 4 (jaume I)
🚌 L 14, 17, 19, 40, 45, 120

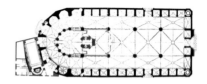

Construïda el segle XIV, és un edifici atípic dins de l'arquitectura gòtica, amb un gran contrast entre la solidesa de l'exterior i la lleugeresa aparent de la disposició interna. Pertany a un tipus d'arquitectura religiosa absolutament original quant als temples francesos dels quals procedeix, el model d'església-saló que les ordres mendicants van introduir a Espanya. A l'interior regna el gòtic monumental i hi destaca l'excepcional concepció de l'espai.

Built in the 14th century, this cathedral is an atypical example of gothic architecture, with major contrasts between the solid exterior and the apparent lightness of the interior floor plan. The building belongs to a class of religious architecture that is absolutely original compared to the French temples that proceeded it—the church-hall model that the mendicant religious orders introduced in Spain. The monumental style of gothic architecture prevails in its interior, and of note is the exceptional conception of space.

Construida en el siglo XIV, es un edificio atípico dentro de la arquitectura gótica, con un gran contraste entre la solidez del exterior y la aparente ligereza de la disposición interna. Pertenece a un tipo de arquitectura religiosa absolutamente original respecto a los templos franceses de los que procede, el modelo de iglesia-salón que las órdenes mendicantes introdujeron en España. En el interior reina el gótico monumental y destaca la excepcional concepción del espacio.

bubó

caputxes, 10   t. 932687224

▶   Ⓜ L 4 (jaume I)
🚌 L 14, 17, 19, 40, 45, 120
www.bubo.ws
bubo@bubo.ws

altres / others / otros
bubobar   t. 933105773
bruc,150   t. 934590505

Carlos Mampel va ser condecorat com el millor pastisser d'Espanya el 1999. És el responsable de les creacions de Bubó, les seves especialitats dolces i salades sorprenen per l'originalitat i qualitat en apostar incondicionalment per la cuina moderna. La visita a l'establiment està justificada només per veure la finca del segle XVIII en què està situat.

Carlos Mampel was decorated as the best pastry chef in Spain in 1999. He is also responsible for the creations at Bubó, whose sweet and savory specialties are surprising for their originality and quality through the shop's unconditional dedication to modern cuisine. A visit to this establishment is worthwhile if only to see the 18th century estate in which it is located.

Carlos Mampel fue condecorado como el mejor pastelero de España en 1999. Él es el responsable de las creaciones de Bubó, cuyas especialidades dulces y saladas sorprenden por su originalidad y calidad al apostar incondicionalmente por la cocina moderna. La visita a su establecimiento está justificada sólo por ver la finca del siglo XVIII donde está ubicado.

vila viniteca

agullers, 7   t. 933101956

▶ Ⓜ L 4 (jaume I)
🚌 L 14, 17, 19, 40, 45, 120
www.vilaviniteca.es
teca@vilaviniteca.es

altre / other / otro
agullers, 9   t. 932683227 / f. 932683159

Possiblement sigui una de les passejades més encisadores que es poden fer a la ciutat per trobar els millors vins a molt bon preu i conèixer un dels catàlegs més extensos de Barcelona. Per completar la visita, en el local d'Agullers, 9 hom pot comprar i degustar la millor xarcuteria i els millors formatges i fins i tot acompanyar-ho tot amb el vi que es triï. També s'hi pot trobar productes *delicatessen*. Des de 1932, la família Vila està establerta en el cor de la ciutat per oferir, en un espai tranquil i modernitzat amb molt de gust, el millor servei i productes als seus clients.

This may be one of the most charming promenades in the city to find the best wines at a great price and one of the largest wine lists in Barcelona. To round out the tour, go next door to Agullers, 9 to buy and taste the best cured meats and cheeses, perhaps even to complement your newly purchased wine. Agullers, 9 also has delicatessen products. Since 1932 the Vila family has been in the heart of the city, offering superb customer service and products in a quiet, modern and tasteful space.

Posiblemente sea uno de los paseos más encantadores que se pueden hacer en la ciudad para encontrar los mejores vinos a muy buen precio y conocer uno de los catálogos más extensos de Barcelona. Para completar la visita, en el local de Agullers, 9 podrás comprar y degustar la mejor charcutería y los mejores quesos e incluso acompañarlo todo con el vino que hayas elegido. También se encuentran productos *delicatessen*. Desde 1932 la familia Vila está establecida en el corazón de la ciudad para ofrecer, en un espacio tranquilo y modernizado con mucho gusto, el mejor servicio y producto a sus clientes.

BARRI GÒTIC

B1   papabubble
B2   cereria subirà
B3   saló del tinell
B4   sombrerería obach
B5   schilling
B6   cafè de l'òpera
B7   granja dulcinea
B8   ganiveteria roca
B9   la pineda
B10   oro líquido
B11   caelum
B12   sabater hermanos
B13   heritage
B14   restaurant shunka
B15   restaurant koy shunka

barri gòtic

Barcelona era, el segle ɪ aC., una petita colònia romana
anomenada Barcino. Les seves muralles es van construir
el segle ɪɪɪ dC. per defensar la localitat dels atacs bàrbars.
Encara es pot admirar la muralla romana que va servir
de base per a moltes cases i palaus d'èpoques posteriors.
L'estructura del Barri Gòtic s'ha vist fins als nostres dies
determinada per aquella petita ciutat romana. En el Gòtic,
avui igual que fa mil anys, trobem no només el cor
institucional de la ciutat, sinó també comerç i enrenou en
tots els seus carrers. Amb el temps, aquest nucli ha sofert
molts canvis, però en els seus carrerons abunden encara els
comerços agrupats per especialitats. Barcelona, per la seva
tradició artesana, fa que algunes de les seves meravelles es
trobin de portes endins. Hi ha comerços amb segles de vida;
alguns de sofisticats, d'altres plens d'enginy, però la majoria,
fascinants: petits mons que recullen una porció singular de
l'esperit de la ciutat.

In the first century AD, Barcelona was a small Roman colony known as Barcino. Its walls were erected in the third century as a defense again barbarian attacks. Today's visitor can still admire the great Roman wall that served as the base for many houses and palaces in later years. That little Roman city of ancient times in fact dictates the Barri Gòtic's layout to this day. As it was a thousand years ago, the gothic quarter still houses not only the institutional core of the city, but also a bustling trade within the maze of its streets. Though this neighborhood has felt the effects of change over time, many shops are still clustered by trade, as was tradition. Because of its crafts tradition, a great many of Barcelona's wonders are found behind doors, a few with centuries of history. Some are sophisticated, others inventive, but most of them just fascinating: each one a little world displaying a unique cross-section of the spirit of Barcelona.

Barcelona era, en el siglo I aC., una pequeña colonia romana llamada Barcino. Sus murallas se construyeron en el siglo III dC. para defender la localidad de los ataques bárbaros. Todavía se puede admirar la muralla romana que sirvió de base para muchas casas y palacios de épocas posteriores. La estructura del barrio Gòtic se ha visto hasta nuestros días determinada por aquella pequeña ciudad romana. En el Gótico, hoy igual que hace mil años, encontramos no sólo el corazón institucional de la ciudad, sino también comercio y bullicio en todas sus calles. Con el tiempo, este núcleo ha sufrido muchos cambios, pero en sus callejuelas abundan todavía los comercios agrupados por especialidades. Barcelona, por su tradición artesana, hace que algunas de sus maravillas se encuentren de puertas adentro. Hay comercios con siglos de vida; algunos sofisticados, otros llenos de ingenio, pero la mayoría de ellos, fascinantes: pequeños mundos que recogen una singular porción del espíritu de la ciudad.

papabubble

ample, 28   t. 932688625

▶ L3 (drassanes), L 4 (jaume I)
🚋 L 14, 17, 19, 36, 40, 45, 57, 59, 64, 120, 157
www.papabuble.com
info@papabuble.com

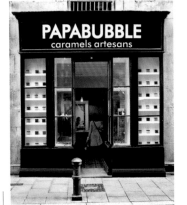

Els addictes a les llaminadures trobaran en aquesta petita botiga, ideada pels australians Chris i Nigel, caramels artesans de milers de colors i formes. Es pot veure en directe com preparen les masses de sucre, aigua i essències de fruites per tal de crear caramels i piruletes de dissenys molt diversos i divertits, o simplement olorar i tastar això i allò. Es poden encarregar piruletes personalitzades i tenen un catàleg ampli d'opcions tant per a comunions o festes de nens com per a comiats de solter. L'espectador és convidat a convertir els seus somnis en dolç i donar-los la forma que vulgui.

For the sweet tooth, this small shop conceived by Australians Chris and Nigel is a treat, with handmade candies in thousands of shapes and colors. You can even watch as the candy makers blend mixtures of sugar, water and fruit essences to create candies and lollipops in fun designs; or simply take a whiff or a taste here and there. You can order personalized lollipops or choose from a large catalog for communions or children's parties, or even for bachelor and bachelorette parties. Customers are invited to use their imagination and make the candy of their dreams.

Los adictos a las chucherías encontrarán en esta pequeña tienda, ideada por los australianos Chris y Nigel, caramelos artesanos de miles de colores y formas. Se puede ver en directo cómo preparan las masas de azúcar, agua y esencias de frutas para crear caramelos y piruletas de diseños muy diversos y divertidos, o simplemente oler y probar esto y aquello. Se pueden encargar piruletas personalizadas y disponen de un amplio catálogo de opciones tanto para comuniones o fiestas de niños como para despedidas de soltero. El espectador es invitado a convertir sus sueños en dulce y darles la forma que desee.

cereria subirà

baixada de la llibreteria, 7   t. 933152606 / f. 933103733

▶   ⓂL 4 (jaume I)
🚌 L 14, 19, 40, 45, 120

Situada en un local que ostenta el títol de ser el més antic de Barcelona, aquesta cereria, que data de 1847, encara conserva la decoració original d'estil neoclàssic. Aquest negoci va obrir originalment el 1761 en un altre emplaçament. Des de 1939 es dedicava principalment a proporcionar cera per a les esglésies, ciris i espelmes baptismals. Per tal d'adaptar-se als nous temps només ha hagut d'ampliar la varietat de producte i ofereix des d'espelmes amb aroma fins a d'altres amb formes d'obres de Gaudí. Això i l'aire condicionat són els únics indicis que som al segle xxi. És un il·lustre de la ciutat.

This wax and candle shop, which holds the title as the oldest business in Barcelona, has been in its current location since 1847 and still conserves the original neoclassical interior. The shop original opened in 1761 in another location. Starting in 1939, it primarily provided wax for churches and for baptismal and other religious purposes. In order to adapt to the changing times it only needed to expand its product base to include things like scented candles and candelabras with Gaudí designs. These things and the air conditioner are the only indications that you are indeed in the 21st century. It is a distinguished piece of the city's history.

Ubicada en un local que ostenta el título de ser el más antiguo de Barcelona, esta cerería, que data de 1847, aún conserva la decoración original de estilo neoclásico. Este negocio abrió originalmente en 1761 en otro emplazamiento. Desde 1939 se dedicaba principalmente a proporcionar cera para las iglesias, cirios y velas bautismales. Para adaptarse a los nuevos tiempos sólo ha necesitado ampliar la variedad de producto añadiendo desde velas con aroma hasta otras con forma de obras de Gaudí. Esto y el aire acondicionado son los únicos indicios de que estamos en el siglo XXI. Es un ilustre de la ciudad.

saló del tinell
guillem carbonell

segles XIII-XV

Conegut com el Saló del Tinell, el Saló Major o dels Paraments va ser construït per Guillem Carbonell el segle XIV per encàrrec del rei Pere el Cerimoniós. Es tracta d'un espai de 17 × 33,5 m. La seva estructura està formada per sis grans arcs de mig punt que aguanten el sostre de bigues de fusta. Aquests tenen contraforts exteriors a la plaça del Rei i, al costat oposat, són interiors, ja que estan limitats per les restes del mur de l'època romana. Les parets estaven decorades amb pintures de Jaume Desfeu, avui desaparegudes. Hi trobem també la capella de Santa Àgata i el mirador del rei Martí l'Humà.

The hall known as Saló de Tinell, Saló Major or dels Paraments was built by Guillem Carbonell in the 14th century as commissioned by Pere el Cerimoniós. It is a 17 × 33.5 m (56 × 110 ft) space whose structure is formed by six large semi-circular arches that support the wood-beamed ceiling. These arches have exterior buttresses in the Plaça del Rei, which on the opposite side are interior due to the limitations imposed by the remains of the Roman-era city wall. Its walls were originally decorated with paintings by Jaume Desfeu, though they have long but faded. Saint Agatha chapel and King Martí l'Humà's balcony can also be found here.

Conocido como el Saló del Tinell, el Saló Major o dels Paraments fue construido por Guillem Carbonell en el siglo XIV por encargo de Pere el Cerimoniós. Se trata de un espacio de 17 × 33,5 m. Su estructura está formada por seis grandes arcos de medio punto que soportan el techo de vigas de madera. Éstos tienen contrafuertes exteriores en la plaza del Rei y, en el lado opuesto, son interiores, ya que están limitados por los restos del muro de la época romana. Sus paredes estaban decoradas por pinturas de Jaume Desfeu, hoy desaparecidas. Aquí también se encuentran la capilla de Santa Àgata y el mirador del rey Martí l'Humà.

sombrerería obach

call, 2   t. 933184094

▶   Ⓜ L3 (liceu)
🚌 L 14, 59, 91

Inaugurada el 1924, qui entra en aquesta barreteria li sembla haver retrocedit en el temps. Comprar un barret es converteix en un acte singular i important. Ens ve a la ment les dames i els cavallers que passejaven pel barri en una altra època lluint els seus barrets com a símbol de distinció. Qui hauria imaginat que venir a la barreteria Obach seria com fer un viatge al passat. S'han dedicat a seleccionar el barret adient per a moltes generacions de caps.

Opened in 1924, you will feel like you've stepped back in time as you enter the store. Buying a hat becomes a significant and important act which calls to mind the ladies and gentlemen that strolled through the neighborhood in another era, brandishing their hats as a symbol of distinction. A visitor could never have imagined that a trip to Obach's hat shop would mean a journey to the past. Obach has always been dedicated to selecting the right hat for many generations of heads.

Inaugurada en 1924, al entrar en esta sombrerería parece que se haya retrocedido en el tiempo. Comprar un sombrero se convierte en un acto singular e importante: vienen a la mente las damas y los caballeros que paseaban por el barrio en otra época luciendo sus sombreros como símbolo de distinción. El visitante nunca hubiera imaginado que ir a la sombrerería Obach fuese como hacer un viaje al pasado. Se han dedicado a seleccionar el sombrero adecuado para muchas generaciones de cabezas.

B5

ferran, 23   t. 933176787

▶ Ⓜ L3 (liceu)
🚌 L 14, 59, 91
www.cafeshilling.com
cafe@cafeschilling.com

Hom diu que el Schilling va ser una armeria fundada el 1900 per una família austríaca que va venir a fer negocis a la Barcelona esplendorosa de principis del segle xx. S'ha aprofitat la infraestructura del mateix comerç: prova d'això són les prestatgeries amb ampolles, encara avui intactes. Des de 1996 la seva fama s'ha estès com la pólvora: de dia com a cafè i de nit com a bar de copes i piscolabis, atreu una clientela d'allò més heterogènia. D'una estètica acurada, és una odissea trobar taula en un dels pocs cafès que queden on la solitud és fèrtil i la trobada és promesa.

The story goes that Schilling was an armory founded in 1900 by an Austrian family that came to do business in the splendor of early 20th-century Barcelona. The bar made use of the original infrastructure, evidenced by the shelves full of bottles still lining the walls today. Since 1996 Schilling's popularity has spread like wildfire: by day as a café and by night a bar for mixed drinks and snacks. It attracts a diverse clientele. A bar with a carefully polished image, it might seem like an odyssey to find a table, in one of the few cafés where solitude is abundant and new friends are a promise.

Se cuenta que el Schilling fue una armería fundada en 1900 por una familia austriaca que vino a hacer negocios a la esplendorosa Barcelona de principios del siglo xx. Se ha aprovechado la infraestructura del mismo comercio: prueba de ello son las estanterías con botellas, todavía hoy intactas. Desde 1996 su fama se ha extendido como la pólvora: de día como café y de noche como bar de copas y tentempiés, atrae a una clientela de lo más heterogénea. De cuidada estética, es una odisea encontrar mesa en uno de los pocos cafés que quedan donde la soledad es fértil y el encuentro es promesa.

cafè de l'òpera

la rambla, 74   t. 933177585

   ⟨M⟩ L3 (liceu)
🚍 L 14, 59, 91
www.cafeoperabcn.co

Aquest local va iniciar la seva activitat restauradora a finals del segle XVIII com a taverna-hostal, punt de sortida dels carruatges. A mitjan segle XIX es va convertir en una famosa xocolateria. Actualment es conserven els miralls (col·lecció única) i alguns vestigis de la decoració, sota els ornaments actuals. Inaugurat a principis de 1929, ja com «Cafè de l'Òpera», no ha cessat la seva activitat ni tan sols durant la Guerra Civil. El local ha estat recentment restaurat per l'arquitecte Antoni Moragas i forma part del patrimoni històric de la ciutat. L'han freqüentat des del rei Alfons XIII als anarquistes.

It began service towards the end of the 18th century as a bar and inn, as well as a carriage depot. In the mid-19th century, the site became a popular chocolate shop. Today, the original mirrors (a one-of-a-kind collection) and some vestiges of décor are still in place underneath the newer ornamentation. Christened in early 1929 as Cafè de l'Òpera, service has remained uninterrupted ever since, including during the Spanish Civil War. Architect Antoni Moragas recently renovated the café, which now forms part of the city's historical heritage. Patrons have included notables from King Alfonso XIII to anarchists.

Inició su actividad restauradora a finales del siglo XVIII como tasca-hostal, punto de partida de los carruajes. A mediados del siglo XIX, se convirtió en una afamada chocolatería. Actualmente se conservan los espejos (colección única) y algunos vestigios de la decoración, bajo los ornamentos actuales. Inaugurado a principios de 1929, ya como «Cafè de l'Òpera», no ha cesado su actividad ni siquiera durante la Guerra Civil. El local ha sido recientemente restaurado por el arquitecto Antoni Moragas y forma parte del patrimonio histórico de la ciudad. Lo han frecuentado desde el rey Alfonso XIII a los anarquistas.

granja dulcinea

petrixtol, 2   t. 933026824

   L3 (liceu)
   L 14, 59, 91

Quan la família March, originària d'Esparreguera, es va instal·lar a Barcelona el 1930, es va fer càrrec d'un negoci de venda d'olis i vins. Va ser el 1941 quan aquesta taverna es va convertir en la Granja Dulcinea. Hi han passat des de Dalí a Àngel Guimerà, i és que qui prova el seu clàssic suís ja pensa quan tornarà a prendre'n el següent. El seu ambient entranyable i familiar i l'excel·lent qualitat dels seus productes fan del local un pas obligat que justifica la curta espera que de vegades implica sumar-se a la cua que es forma al carrer.

When the March family, natives of Esparraguera, came to Barcelona in 1930, they took over an oil and wine shop. In 1941 that tavern became Granja Dulcinea. Celebrities such as Dalí and writer Àngel Guimerà have passed through its doors, and it seems whoever tries the Granja's hot chocolate will want to come back for more. The friendly, warm atmosphere and excellent quality of products makes this place a must-visit stop, making a short wait in the line that commonly overflows to the street well worth it.

Cuando la familia March, originaria de Esparraguera, se instaló en Barcelona en 1930, se hizo cargo de un negocio de venta de aceites y vinos. Fue en 1941 cuando esa taberna se convirtió en la Granja Dulcinea. Por ella han pasado desde Dalí a Àngel Guimerà, y es que quien prueba su ya clásico suizo piensa en cuándo volverá a por el siguiente. Su ambiente entrañable y familiar y la excelente calidad de sus productos convierten el local en una parada obligada que justifica la corta espera que a veces implica sumarse a la cola formada en la calle.

ganiveteria roca

plaça del pi, 3   t. 933021241 / f. 934125349

▶   L3 (liceu)
🚌 L 14, 59, 91
www.ganiveteriaroca.com
info@ganiveteriaroca.es

Ramon Roca i Santamaria va obrir una botiga-taller el 1911, amb el seu germà Josep, que ha estat dirigida per membres d'aquesta família fins a l'any 2000. El 1916 el negoci es va traslladar a la seva ubicació actual, bo i seguint el consell del seu oncle: «No ho dubteu: és davant d'una església». La botiga es va concebre per facilitar l'accés visual a l'àmplia varietat de productes exposats, a través de vitrines i aparadors de vidre. Té «La Placa Emblemàtica» de l'Ajuntament de Barcelona, per haver sabut, davant del repte de la modernització, preservar-ne la identitat i imatge externa.

Ramon Roca i Santamaria opened a knife sales and repair shop in 1911 with his brother Josep, which has been under the family's management since 2000. In 1916 the business was relocated to its current location on the advice of his uncle, who exclaimed: "It's perfect: it's right in front of a church!" The store was conceived to have the most variety on display behind the glass cases and shop windows. The shop has won the: "Placa Emblemàtica" from Barcelona city hall for having known how to preserve its identity and outward image, despite the challenges of modernization.

Ramon Roca i Santamaria abrió una tienda-taller en 1911, con su hermano Josep, que ha sido dirigida por miembros de esta familia hasta el año 2000. En 1916 el negocio fue trasladado a su actual ubicación siguiendo el consejo de su tío: «No dudéis: está delante de una iglesia». La tienda fue concebida para facilitar el acceso visual a la amplia variedad de productos expuestos, a través de vitrinas y aparadores de cristal. Posee «La Placa Emblemàtica» del Ayuntamiento de Barcelona por haber sabido, ante al reto de la modernización, preservar su identidad y su imagen externa.

pi, 16   t. 933024393

▶   Ⓜ L3 (liceu)
🚌 L 14, 59, 91

És una xarcuteria petita i molt fosca les prestatgeries de la qual estan plenes de conserves, embotits, productes *delicatessen* i altres joies. Els taulells anyencs, els armaris petits, les rajoles i les taules de marbre, li donen un toc molt autèntic. Especialistes en pernil, formatges i viandes fredes, els tallen davant el client i els serveixen amb afecte per als cinc afortunats que hagin aconseguit ocupar les cinc petites taules. Aquest celler xarcuteria mític i incòlume, que ven i despatxa els seus productes, es troba des de 1930 en un privilegiat local del Gòtic.

The shelves of this small, dark charcuterie are packed with preserves, *embutidos* (cured meats), delicatessen products and other treasures. Everything from the ancient service counters to its cabinets, floor tiling and marble tables give it a real authenticity. La Pineda specializes in *jamón* (Spanish cured ham), cheeses and cold cuts, which are sliced to order at the counter. If you are lucky enough to nab one of the five small tables, you will be served with a loving attention. This mythical bodega has remained untouched by time, and has continued to sell and serve its products within the privileged enclave of the Barri Gòtic since 1930.

Es una pequeña y oscurísima charcutería cuyas estanterías están abarrotadas de conservas, embutidos, productos *delicatessen* y otras joyas. Los añejos mostradores, sus armaritos, sus baldosas y sus mesas de mármol, le dan un toque muy auténtico. Especialistas en jamón, quesos y fiambres, los cortan delante del cliente y los sirven con cariño para los cinco afortunados que hayan conseguido ocupar sus cinco pequeñas mesas. Esta mítica e incólume bodega charcutería, que vende y despacha sus productos, se encuentra desde 1930 en un privilegiado local del Gòtic.

oro líquido

palla, 8   t. 933022980 / m. 606243137

▶ Ⓜ L3 (liceu)
🚍 L 14, 59, 91
www.oroliquido.com
info@oroliquido.com

En ple Barri Gòtic, damunt d'uns banys jueus del segle xii, hi ha aquesta botiga fundada el 2005. Les seves fundadores, procedents de famílies relacionades amb el món de l'olivera, van tenir clar que l'oli d'oliva verge extra i els seus derivats serien els únics protagonistes d'aquest espai. A la botiga tenen presència totes les denominacions d'origen d'Espanya i algunes altres marques d'olis nacionals i de la conca del Mediterrani.

In the heart of the Barri Gotic, where 12th century Jewish bathhouses once stood, sits this store founded in 2005. Its founders, whose heritage lies in families of the olive world, knew without a doubt that extra virgin olive and its derivatives would be the only protagonists of this space. Olive products of every region of origin in Spain are present here, as well as other brands of national oils and those of the Mediterranean basin.

En pleno barrio Gòtic, ocupando unos baños judíos del siglo xii, se encuentra esta tienda fundada en 2005. Sus fundadoras, procedentes de familias relacionadas con el mundo del olivar, tuvieron claro que el aceite de oliva virgen extra y sus derivados serían los únicos protagonistas de este espacio. En la tienda tienen presencia todas las denominaciones de origen de España y algunas otras marcas de aceites nacionales y de la cuenca del Mediterráneo.

caelum

▶   Ⓜ L3 (liceu)
🚍 L 14, 59, 91

Situada a l'antic barri jueu, Caelum és un espai delicat i acollidor dedicat a la venda i degustació de formatges, vins i tot tipus de delícies i temptacions dolces elaborades per monges i monjos dels convents de clausura de tot el país. Està sota les arcades espectaculars d'uns *mikves* o banys rituals jueus que es poden trobar en diversos negocis del mateix carrer. Aquests en concret eren els que utilitzaven les dones. De dijous a dissabte a la nit també se serveixen temptacions salades, una opció genial per a un sopar d'allò més variat.

Located in the old Jewish quarter, Caelum is a refined, cozy space with products made by the monks and nuns of convents around the country. It is located below the spectacular arcades of ancient *mikves*, or ritual Jewish bathhouses, that can also be found in several of the businesses on the same street. These particular baths were for designated for women. From Thursday through Saturday nights, Caelum also serves savory treats—an excellent option to try a sampling of dishes at dinner.

Ubicada en el antiguo barrio judío, Caelum es un delicado y acogedor espacio dedicado a la venta y degustación de quesos, vinos y todo tipo de delicias y dulces tentaciones elaboradas por monjas y monjes de los conventos de clausura de todo el país. Está bajo las espectaculares arcadas de unos *mikves* o baños rituales judíos que pueden encontrarse en varios negocios de la misma calle. Estos en concreto eran los utilizados por las mujeres. De jueves a sábado por la noche también se sirven tentaciones saladas, una genial opción para una cena de lo más variada.

sabater hermanos

plaça de sant felip neri, 1   t. 933019832

M L3 (liceu)
L 14, 59, 91
www.shnos.com.ar
jabon@shnos.com.ar

És un negoci familiar anomenat «Sabater Hermanos. Fábrica de Jabones». L'argentina Eliana Sabater, actual propietària, és la néta de Sebastián Sabater, que va començar l'ofici de fabricar sabons i el desenvolupament de maquinària. L'empresa rep els grums blancs, als quals afegeix la olor i el color, i els dóna forma. El cognom s'ha convertit en la marca dels sabons que fan olor de segle XXI. A la botiga de Sant Felip Neri es venen sabons de quaranta fragàncies diferents, des de la clàssica pastilla fins als pètals i el confeti de sabó. Hi ha sabons de coco, de menta i de tots els aromes imaginables.

The full name of this family business is "Sabater Hermanos. Fábrica de Jabones" (Sabater Brothers. Soap Makers). Eliana Sabater, originally from Argentina, is the current proprietor and granddaughter of Sebastián Sabater, who had his beginnings in the trade of soap-making and machinery development. The company receives shipments of white soap flakes to which they add the fragrance and color before molding the shape. The name Sabater has become synonymous with a brand of soap with a 21st century flair. In the Sant Felip Neri location, soaps come in forty different fragrances, and are packaged in anything from the classic bar soap to petals and soap confetti. Look for soaps in coconut, peppermint and any fragrance imaginable.

Es un negocio familiar llamado «Sabater Hermanos. Fábrica de Jabones». La argentina Eliana Sabater, actual propietaria, es nieta de Sebastián Sabater, que comenzó con el oficio de fabricar jabones y el desarrollo de maquinaria. La empresa recibe los grumos blancos, a los que añade el olor y el color, y les da forma. El apellido se ha convertido en la marca de los jabones que huelen a siglo XXI. En la tienda de Sant Felip Neri se venden jabones de cuarenta fragancias distintas, desde la clásica pastilla hasta los pétalos y el confeti de jabón. Hay jabones de coco, de menta, y de todos los aromas imaginables.

B13

banys nous, 14   t. 933178515

▶   Ⓜ L3 (liceu)
🚌 L 14, 59, 91
www.heritagebarcelona.com
antic.heritage@yahoo.es

Aquests amants de l'art, en el sentit més ampli de la paraula, van iniciar la seva prestigiosa trajectòria fa quinze anys com a col·leccionistes i especialistes en flascons de perfum d'edició. Actualment regenten una de les meques del *vintage* en el més estricte significat de la paraula: compren i venen tèxtil antic, joieria, objectes de col·leccionisme i antiguitats en general. Les peces més joves han de ser de firma. La botiga s'especialitza en tot allò que es relaciona amb la moda, el col·leccionisme, la joieria, la bijuteria i els accessoris per a professionals.

Heritage's art lovers, in the widest sense of the word, began their prestigious journey 15 years ago as collectors and specialists in special-edition perfume bottles. Today the shop is a veritable mecca of vintage items (in the strictest sense of the word), where antique textiles, jewelry, collector's items and general antiques are bought and sold. The newest pieces are strictly designer labels. Heritage specializes in everything related to fashion, collecting, fine and costume jewelry, and accessories for the professional.

Estos amantes del arte, en el más amplio sentido de la palabra, iniciaron su prestigiosa andadura hace quince años como coleccionistas y especialistas en frascos de perfume de edición. Actualmente regentan una de las mecas del *vintage* en el más estricto significado de la palabra: compran y venden textil antiguo, joyería, objetos de coleccionismo y antigüedades en general. Las piezas más jóvenes deben ser de firma. La tienda se especializa en todo lo relacionado con la moda, el coleccionismo, la joyería, la bisutería y los accesorios para profesionales.

B14

sagristans, 5   t. / f. 934124991

▶   Ⓜ L 4 (jaume I)
    🚌 L 17, 19, 40, 45

altre / other / otro
koy shunka, copons, 7   t. 934127939

El millor és asseure's a la barra i veure l'espectacle dels cuiners preparant el menjar. És una autèntica marisqueria, amb productes fresquíssims i de primera qualitat, on es recomana demanar la carta de *sakes*, per bé que s'ha d'insistir, perquè alguns dels cambrers ni tan sols saben que en tenen una. «Shunka» significa aroma de temporada. Es reconeix per la inconfusible cortina japonesa, *noren*, de la porta. El seu origen està en els barris pobres, en els quals hi havia restaurants econòmics sense tovallons i, en sortir, la gent es netejava les mans en aquestes cortines. Així doncs, com més bruta estava la cortina, més fama tenia el restaurant.

The best way to enjoy Shunka is at the bar, where you can enjoy the show as cooks prepare your food. This is a truly authentic seafood restaurant, with the freshest products of the highest quality. Ask for the sake menu for the full experience; you may have to insist on it—some of the waiters are not even aware they have one. *Shunka*, meaning *fragrance of the season*, is recognized for its unmistakable Japanese curtain, or *noren*, over the door. The *noren*'s origin lies in Japan's poorer districts where inexpensive restaurants did not provide napkins and instead, patrons cleaned their hands on the curtain. Therefore, the dirtier the curtain, the more popular the restaurant.

Lo mejor es sentarse en la barra y ver el espectáculo de los cocineros preparando la comida. Es una auténtica marisquería, con productos fresquísimos y de primera calidad, donde se recomienda pedir la carta de *sakes*, insistiendo, porque algunos de los camareros ni siquiera saben que tienen una. «Shunka» significa aroma de temporada. Se reconoce por su inconfundible cortina japonesa, *noren*, de la puerta. Su origen está en los barrios pobres, en los que había restaurantes económicos sin servilletas y, al salir, la gente se limpiaba las manos en esas cortinas. Así pues, cuanto más sucia estaba la cortina, más fama tenía el restaurante.

restaurant koy shunka

copons, 7   t. 934127939

▶ Ⓜ L 4 (jaume I)
🚌 L 17, 19, 40, 45
www.koyshunka.com

Copropietari, des de l'any 2001, del Restaurant Shunka [«aroma de temporada»], el 2008 el xef Hideki Matsuhisa va inaugurar el Restaurant Koy Shunka [«intensa aroma de temporada»], una versió refinada del seu local anterior. És un restaurant d'esperit autènticament japonès, però adaptat a la personalitat i les necessitats d'una ciutat europea. Des de la barra que envolta l'àmplia cuina a la vista es pot observar la destresa i habilitat dels prop de deu cuiners que treballen sota les ordres de Matsuhisa. El disseny impecable del local, a càrrec de Pere Cortacans, respon a un criteri d'absoluta coherència. Va obtenir la primera estrella Michelin l'any 2013.

In 2008, chef Hideki Matsuhisa, the co-owner of the Restaurante Shunka ("seasonal flavor") since 2001, opened the Restaurante Koy Shunka ("intense seasonal flavor"), a sophisticated version of his earlier premises. His new venture is a true Japanese restaurant in spirit but suited to the personality and needs of a European city. From the bar that circles the spacious kitchen, diners can watch and admire the skill and mastery of the almost ten chefs who work under Matsuhisa's command. The impeccable interior design, by Pere Cortacans, is a feat of utter coherence. He was awarded his first Michelin Star in 2013.

Co-propietario del Restaurante Shunka [«aroma de temporada»] desde 2001, el chef Hideki Matsuhisa inaugura el Restaurante Koy Shunka, [«intenso aroma de temporada»] en 2008, una versión refinada de su local anterior. Se trata de un auténtico restaurante japonés de espíritu, pero trasladado a la personalidad y necesidades de una ciudad europea. Desde la barra que rodea la amplia cocina a la vista se puede ver la destreza y maestría de los casi 10 cocineros que trabajan bajo las órdenes de Matsuhisa. El impecable diseño del local, a cargo de Pere Cortacans, es un acto de pura coherencia. Obtiene su primera Estrella Michelin en el año 2013.

EL RAVAL

C1   viena
C2   boadas cocktail bar
C3   granja viader
C4   restaurant flax & kale
C5   museu d'art contemporande barcelona (MACBA)
C6   roomservice bcn
C7   la central del raval
C8   dos palillos / hotel camper
C9   barcelonareykjavik
C10   mercat de la boqueria / bar pinotxo
C11   pastisseria escribà
C12   restaurant suculent
C13   bar cañete
C14   la monroe

el raval

És el barri menys antic de Ciutat Vella: forma part de la segona etapa de desenvolupament de la Barcelona històrica. Es va convertir en un barri marginal a finals del xix i avui alberga les institucions de d'art contemporani més importants de la ciutat, a més de ser l'exponent de la vida multicultural de Barcelona. Va ser el raval o barri extramurs i el seu nom sembla predestinar-lo a la marginalitat, però és precisament d'aquí d'on extreu el seu caràcter. A l'Edat Mitjana només hi havia camps i per això es van instal·lar aquí monestirs, hospitals, hospicis i universitats, per als quals no quedava espai intramurs. La part sud del Raval, entre finals del segle xix i la dècada de 1970, es va convertir en el denominat «Barri Xinès», és a dir, el barri de diversió, que en una ciutat portuària com Barcelona sempre ha estat un espai molt actiu. No obstant això, el 1988, el govern va llançar un gran projecte de rehabilitació urbana i va invertir molts diners a netejar la zona, per tal de convertir-la en una àrea més moderna i segura. Ja a les dècades de 1980 i 1990 el Raval va tornar a canviar de pell i es va transformar en un barri bohemi i alternatiu, llar de molts artistes joves que el van reinventar. Avui és un barri pobre i alhora modern, cosmopolita, popular i artesà, que no ha perdut el seu caràcter «fronterer». Hi conviuen i regenten negocis famílies del Pakistan, el Marroc, Filipines, l'Índia, la Xina, Bangla Desh, l'Equador, República Dominicana... Es tracta d'un lloc interessant i apassionant, amb una barreja peculiar que fa que sigui una zona de visita irresistible.

The Raval is the newest of the "old" neighborhoods comprising historic Ciutat Vella (literally, "the old city"). By the end of the 19th century the Raval had turned into the city's slum, though today it is home to the city's most important contemporary art centers, and its colorful life offers a snapshot of Barcelona's cultural diversity. In the Middle Ages this area was nothing but fields, and soon became grounds for the monasteries, hospitals, hospices and universities that couldn't fit within the walls of the burgeoning city. Between the late 19th century and the 1970s, the southern part of the Raval became the so-called "Barrio Chino" (Chinatown), a seedy red-light district, which in a port city like Barcelona is always a popular place. However, in 1988, the government launched a major urban rehabilitation project, making hefty investments in cleanup and creating a modern and safe neighborhood. In the 1980s and 1990s, the Raval shed its skin, revealing a Bohemian, alternative flavor, home to young artists who came to reinvent it. Today the neighborhood remains poor yet is modern, cosmopolitan, popular and a cradle for the craft trades, without ever having lost its character as a "border" town. Residents and shopkeepers of the Raval come from diverse origins—representing nations like Pakistan, Morocco, the Philippines, India, China, Bangladesh, Ecuador and the Dominican Republic. All told, the interesting, vibrant Raval offers a peculiar mix that promises the visitor a day of irresistible sites.

Es el barrio menos antiguo de Ciutat Vella: forma parte de la segunda etapa de desarrollo de la Barcelona histórica. Se convirtió en un barrio marginal a finales del xix y hoy alberga las instituciones de arte contemporáneo más importantes de la ciudad, además de ser el exponente de la vida multicultural de Barcelona. En la Edad Media sólo había campos y por ello se instalaron aquí monasterios, hospitales, hospicios y universidades, para los que no quedaba espacio intramuros. La parte sur del Raval, entre finales del siglo xix y la década de 1970, se convirtió en el denominado «Barrio Chino», es decir, el barrio de alterne, que en una ciudad portuaria como Barcelona siempre ha sido el espacio muy activo. No obstante, en 1988, el gobierno lanzó un gran proyecto de rehabilitación urbana e invirtió mucho dinero en limpiar la zona, para convertirla en un área más moderna y segura. Ya en las décadas de 1980 y 1990 el Raval volvió a cambiar de piel para transformarse en un barrio bohemio y alternativo, hogar de muchos artistas jóvenes que lo reinventaron. Hoy en día es un barrio pobre a la vez que moderno, cosmopolita, popular y artesano, que no ha perdido su carácter «fronterizo». En él conviven y regentan negocios familias de Pakistán, Marruecos, Filipinas, India, China, Bangla Desh, Ecuador, República Dominicana... Se trata de un lugar interesante y apasionante, con una mezcla peculiar que hace que sea una zona de visita irresistible.

C1

rambla, 115   t. 933171492

▶ Ⓜ L 3, 1 (catalunya)
🚌 L 14, 16, 17, 41, 42, 55, 59, 91, 141
www.viena.es
viena@viena.com

El 15 d'octubre de 2006, Mark Bittman, un conegut crític gastronòmic, va guardonar en el *New York Times* el flautí d'ibèric com el millor entrepà del món. Les claus són oferir un bon producte, en un lloc agradable i net, i amb un servei ràpid i amable. Viena va començar amb petits establiments tipus *frankfurt* situats en els centres històrics de les ciutats, amb servei de barra. Aquest veí establiment del Teatre Poliorama és el primer que aquesta cadena va obrir a Barcelona. Els seus entrepans absolutament tradicionals són considerats per molts com els millors de la ciutat, i, a més a més, Ferran Adrià creu que és el millor «fastfood» de la ciutat.

On October 15, 2006, in the *New York Times*, famous food critic Mark Bittman hailed the *flautín de ibérico* (fine Spanish cured ham on a small, crispy baguette) as the best sandwich in the world. The key to this place's success is offering a good product in a pleasant and clean environment with quick, friendly service. Viena began as a chain of small frankfurter establishments with service at the bar in the historic centers of major Spanish cities. This neighborhood business is situated next to Teatre Poliorama, and was the first of its chains of restaurants to open in Barcelona. Its sandwiches, of the most traditional sort, are considered by many to be the best in the world, and the place which Ferran Adrià calls the best fast food in the city.

El 15 de octubre del 2006, Mark Bittman, un conocido crítico gastronómico, galardonó en el *New York Times* al flautín de ibérico como el mejor bocadillo del mundo. Ofrecer un buen producto, en un lugar agradable y limpio, y con un servicio rápido y amable, son las claves. Viena empezó con pequeños establecimientos tipo *frankfurt* situados en los centros históricos de las ciudades, con servicio de barra. Este vecino establecimiento del Teatre Poliorama es el primero que esta cadena abrió en Barcelona. Sus bocadillos, absolutamente tradicionales, son considerados por muchos como los mejores de la ciudad y es para Ferran Adrià el mejor «fastfood» de la ciudad.

boadas cocktail bar

tallers, 1   t. 933189592

▶   Ⓜ L 3, 1 (catalunya)
🚌 L 14, 16, 17, 41, 42, 55, 59, 91, 141
www.afuegolento.com/seccions/boadas

Aquesta cocteleria ha ensenyat a beure a mitja Barcelona des que un jove nascut a l'Havana (Cuba) la va obrir el 1933. Entre les seves parets podem trobar trossets de la història del mateix bar com ara fotos o cartells publicitaris que generen aquest ambient tan especial. La carta d'aquest espai reduït encara traspua intimitat i harmonia i recull tot tipus de còctels: amb alcohol i sense, afruitats, dolços... tot i que també es pot recórrer als més clàssics com ara el Cosmopolitan o el Rus Blanc, entre d'altres.

This cocktail lounge has taught half of Barcelona how to drink ever since a young Havana-born Cuban opened its doors in 1933. Within its walls, you will find pieces of the bar's own history—photos and publicity posters—that gives Boadas its special feel. The menu in this small space still oozes intimacy and harmony, and offers all types of cocktails: with and without alcohol, fruity and sweet, or you can always fall back on the classics like a Cosmopolitan or a White Russian.

Esta coctelería ha enseñado a beber a media Barcelona desde que un joven nacido en La Habana (Cuba) la abrió en 1933. Entre sus paredes podemos encontrar pedacitos de la historia del propio bar como fotos o carteles publicitarios que generan ese ambiente tan especial. La carta de este espacio reducido aún rezuma intimidad y armonía y recoge todo tipo de cócteles: con y sin alcohol, afrutados, dulces... aunque también se puede recurrir a los más clásicos como el Cosmopolitan o el Ruso Blanco, entre otros.

granja viader

xuclà, 4   t. 933183486

▶ Ⓜ L 3 (liceu)
🚌 L 14, 59, 91

Inaugurada el 1870, és una de les granges més antigues de la ciutat. En els seus inicis, Viader només funcionava com a lleteria i, amb el temps, el negoci es va anar ampliant, fins que el 1931 Joan Viader va inventar el Cacaolat, conegut per tots com el primer batut de llet i cacau fabricat de manera industrial en el nostre país. Per a sorpresa d'alguns, a Viader no només es va inventar el fabulós Cacaolat, sinó que va ser el lloc on es va embotellar per primera vegada en el nostre país la llet esterilitzada. Gaudir del dolç tradicional, ja sigui a base de mel, quallada, llet condensada, crema catalana o pastes de tot tipus, adquireix una dimensió única si es fa tranquil·lament.

Opened in 1870, this is one of the oldest tea rooms in the city. At its beginning, Viader only sold dairy products. With time the business began to grow until in 1931 Joan Viader invented the chocolate drink Cacaolat, known as the first mass-produced blended chocolate milk beverage in Spain. It may surprise some that Viader was not only where the fabulous Cacaolat was invented but also the place where sterilized milk was first bottled in Spain. Try the traditional sweet accompanied by honey, *cuajada*, condensed milk, *crema catalana* (crème brulée) or all kinds of pastries. The experience acquires another dimension if you take it in slowly.

Inaugurada en 1870, es una de las granjas más antiguas de la ciudad. En sus inicios, Viader sólo funcionaba como lechería y, con el tiempo, el negocio se fue ampliando, hasta que en 1931 Joan Viader inventó el Cacaolat, por todos conocido como el primer batido de leche y cacao fabricado de forma industrial en nuestro país. Para sorpresa de algunos, en Viader no sólo se inventó el fabuloso Cacaolat, sino que fue el lugar donde se embotelló por primera vez en nuestro país la leche esterilizada. Disfrutar del dulce tradicional, ya sea a base de miel, cuajada, leche condensada, crema catalana o pastas de todo tipo, adquiere una dimensión única si se hace tranquilamente.

restaurant flax & kale

C4

tallers, 74b   t. 933175664

▶ L 1, 2 (universitat)
🚌 L 14, 24, 41, 55, 59, 67, 68, 91, 120, 141
www.teresacarles.com

Es tracta d'un restaurant flexiterià, en el qual s'intenta que tots els plats tinguin sentit des d'un punt de vista nutricional. L'oferta gastronòmica atorga molta importància a la salut: es tenen en compte els tipus de coccions (no hi ha fregits, per exemple, per evitar greixos saturats), tots els grans són integrals, no es fa servir sucre, es procura treballar amb farines sense gluten, etc. El vuitanta per cent de l'oferta és d'origen vegetal, amb un vint per cent de peix blau, que es caracteritza per un elevat contingut d'omega 3.

Flax & Kale is a flexitarian restaurant where every dish makes nutritional sense. The central focus of the menu is healthiness, so some cooking methods are off limits (there are no deep-fried dishes, for example, to cut down on saturated fats), all the grains are wholegrain, there's no added sugar, gluten-free flours are used wherever possible, etc. The menu is predominantly vegetarian, with blue fish accounting for the rest of the dishes due to its high omega-3 content.

Se trata de un restaurante flexiteriano dónde se intenta que todos los platos tengan sentido a nivel nutricional. La oferta del restaurante da mucha importancia al eje salud, se vigilan tipos de cocciones (no hay fritos, por ejemplo por evitar grasas saturadas), todos los granos son integrales, no hay azúcares, se intenta trabajar con harinas sin gluten, etc... El 80% de la oferta es de origen vegetal, con un 20% de pescado azul por su alto contenido en omega 3.

museu d'art contemporani de barcelona (MACBA)

richard meier & partners

1987-1996

plaça dels àngels, 1   t. 934120810 / f. 934124602

 ▶ Ⓜ L 1, 2 (universitat), 3 (catalunya)
🚌 L 14, 59, 91, 120
www.macba.es

Richard Meier va projectar aquest cub blanc, el Museu d'Art Contemporani de Barcelona, en el cor del Raval barceloní. Reuneix un conjunt significatiu de la creació artística dels últims cinquanta anys. Partint d'una concepció segons la qual no existeix un sol «públic», sinó «públics» constituïts per grups específics diferenciats, el museu deixa de ser un mer productor d'exposicions i passa a ser un proveïdor de serveis de diferents tipus per als diferents subjectes.

Richard Meier designed this white cubic building, the Museu d'Art Contemporani de Barcelona, in the heart of the Raval. The art within its walls portray a meaningful collection of artistic creation of the last 50 years. Based on the concept that there is no "public" but rather "publics" constituted by specific differentiated groups, the museum stops being a mere producer of exhibitions but a provider of different services for different audiences.

Richard Meier proyectó este cubo blanco, el Museu d'Art Contemporani de Barcelona, en el corazón del Raval barcelonés. Reúne un conjunto significativo de la creación artística de los últimos cincuenta años. Partiendo de una concepción según la cual no existe un «público», sino «públicos» constituidos por grupos específicos diferenciados, el museo deja de ser un mero productor de exposiciones y pasa a ser un proveedor de servicios de diferentes tipos para los diferentes sujetos.

roomservice bcn

C6

àngels, 16   t. 933021016 / m. 690026608

▶ Ⓜ L 1, 2 (universitat), 3 (catalunya)
🚌 L 14, 59, 91, 120
www.roomservicebcn.com
info@roomservicebcn.com

És una galeria dedicada a la promoció del disseny contemporani que duu a terme exposicions temporals de dissenyadors reconeguts i també representa els seus treballs. L'espai és en ple cor del Raval de Barcelona, al costat del MACBA, CCCB i FAD.

This is a gallery dedicated to promoting contemporary design, hosting temporary expositions from well-known designers as well as representing and distributing their works. The space is located in the heart of the Raval, next to the art museums of MACBA, CCCB and FAD.

Es una galería dedicada a la promoción del diseño contemporáneo que realiza exposiciones temporales de diseñadores reconocidos y representa también sus trabajos. El espacio se encuentra en pleno corazón del Raval de Barcelona, junto al MACBA, CCCB y FAD.

la central del raval

elisabets, 6   t. 902884990 / f. 934124602

▶ L 1, 2 (universitat), 3 (catalunya)   altres / others / otros
L 14, 59, 91, 120   plaça dels àngels, 1   t. 934125908
www.lacentral.com   mallorca, 237   t. 934875018

Situada en l'espai que antigament ocupava la Capella de la Misericòrdia i amb una superfície de 850 m², La Central del Raval és una llibreria d'humanitats que té més de 80.000 títols, una cafeteria i una sala destinada a l'organització de diferents activitats culturals: un paradís per als rondaires de llibreries, per als qui gaudeixen amb les edicions impecables, els llibres fora de catàleg, els llibres de segona mà i els objectes estranys. En els seus espais amplis, compta amb una oferta completíssima, sobretot de literatura espanyola i estrangera, i una planta especialitzada en filosofia.

In a space once occupied by Capella de la Misericòrdia, this 850 m² (9100 sq. ft.) bookstore dedicated to the humanities has over 80,000 titles, a café and designated space for a variety of cultural activities. La Central del Raval is a paradise for the book hound who enjoys impeccable editions, discontinued and second-hand books and unique objects. In its ample rooms this bookstore has a comprehensive catalog, especially Spanish and international literature. It also has an entire floor is dedicated to philosophy.

Ubicada en el espacio que antiguamente ocupaba la Capella de la Misericòrdia y con una superficie de 850 m², La Central del Raval es una librería de humanidades que dispone de más de 80.000 títulos, una cafetería y una sala destinada a la organización de diferentes actividades culturales: un paraíso para los merodeadores de librerías, para los que disfrutan con las ediciones impecables, los libros fuera de catálogo, los libros de segunda mano y los objetos extraños. En sus amplios espacios cuenta con una completísima oferta, sobre todo de literatura española y extranjera, y una planta especializada en filosofía.

elisabets, 9   t. 933040513

▶ Ⓜ L 1, 2 (universitat), 3 (catalunya)
🚌 L 14, 59, 91, 120
www.dospalillos.com
dospalillos@dospalillos.com

hotel camper
elisabets, 11   t. 933426280 / f. 933427563
www.casacamper.com
barcelona@casacamper.com

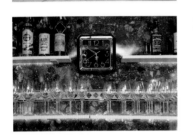

Camper i Vinçon van apostar per la transformació d'un edifici del segle xix en un hotel amb un concepte absolutament renovat, un espai singular, amb solucions innovadores i un toc d'humor mediterrani. Ple de racons i detalls sorprenents, com les bicicletes penjades d'unes politges que hi ha al sostre del vestíbul, que esperen que algú les vulgui utilitzar, o el jardí vertical amb més de cent testos ordenats en una prestatgeria de 18 m d'alçada. El restaurant/bar Dos Palillos n'és el complement perfecte, ja que comparteix la mateixa filosofia d'«exquisidesa informal».

Catalan companies Camper and Vinçon took a 19th century building and made it into a hotel making it into an absolutely renewed concept and unique space with innovative solutions and a touch of Mediterranean humor. The hotel is filled with little nooks and surprising details, such as bicycles that hang from the ceiling on pulleys in the lobby, as if waiting for someone to pull one down and ride off, or the vertical garden with more than a hundred flowerpots arranged on a shelf 18 m (60 ft) in the air. The bar/restaurant Dos Palillos makes a great complement to the hotel, sharing the same philosophy of being "informally exquisite."

Camper y Vinçon apostaron por la transformación de un edificio del siglo XIX en un hotel con un concepto absolutamente renovado, un espacio singular, con soluciones innovadoras y un toque de humor mediterráneo. Lleno de rincones y detalles sorprendentes, como las bicicletas colgadas de unas poleas que hay en el techo del vestíbulo, esperando a que alguien quiera utilizarlas, o el jardín vertical con más de cien macetas ordenadas en una estantería de 18 m de altura. El restaurante/bar *Dos Palillos* es el complemento perfecto ya que comparte la misma filosofía de «informal exquisitez».

C9

doctor dou, 12   t. 933020921

 L 1, 2 (universitat), 3 (catalunya)
L 14, 59, 91, 120
www.barcelonareykjavik.com
bcnrvk@telefonica.net

altre / other / otro
astúries, 20   t. 932376918
princesa, 16   t. 931866336

És un obrador de pa a l'antiga, amb rajoles blanques bisellades, marbre, fusta i instal·lacions vistes. Tots els ingredients que s'utilitzen són de cultiu ecològic. Una de les queixes més corrents en una ciutat com Barcelona és que «el pa no és el d'abans»; aquesta jove fleca pretén omplir aquest buit oferint un producte realment artesà. La carta de pans que ofereixen és tan variada com apetitosa i el venen a pes. En aquesta moderna, alhora que tradicional, fleca també són recomanables la pastisseria dolça de fruites d'estiu i la salada amb fruites de temporada.

This is an old-fashioned bread bakery, with its white beveled tiles, marble, wood and exposed installations. All of the ingredients that go into the products are organic. The owners have recovered the origins of ancient bread making and seek ingredients from nature itself. A common complaint of city life in Spain is that "the bread isn't what it used to be"; this young bakery intends to fill the void by offering a truly artisan product. The list of breads on offer is as varied as it is appetizing, and loaves are sold by weight. This modern yet traditional bakery also has some tasty summer fruit pastries and seasonal fruit salad.

Es un obrador de pan a la antigua, con
azulejos blancos biselados, mármol, madera
e instalaciones vistas. Todos los ingredientes
que se utilizan son de cultivo ecológico.
Recuperan los orígenes del pan y buscan los
ingredientes directamente en la naturaleza.
Una de las quejas más corrientes en una
ciudad como Barcelona es que «el pan no
es el de antes»; esta joven panadería
pretende llenar ese vacío ofreciendo un
producto realmente artesanal. La carta de
panes es tan variada como apetitosa y lo
venden al peso. En esta moderna, a
la vez que tradicional panadería también
son recomendables la pastelería dulce de
frutas de verano y la salada con frutas
de temporada.

mercat de la boqueria / bar pinotxo

la rambla, 91   t. 933182017

▶ Ⓜ L 3 (liceu)
🚍 L 14, 59, 91
www.boqueria.info

És el mercat més gran d'Espanya i els venedors actuals són en la seva majoria de la tercera i quarta generació. Representen la unió del passat amb el present, innovadors i plens de projectes i idees de renovació de la Boqueria per a la nova Barcelona. El Bar Pinotxo, T. 933171731, és el lloc amb més renom del mercat, cal esperar tanda per asseure's a la barra que sempre està plena de gom a gom i tastar els plats del dia. Aprofiten la seva ubicació per plantejar l'oferta en allò que el mercat ofereix en el dia, és a dir, no utilitzen cartes ni menús. Tothom coneix en Pinocho, Joan o Juanito, que és a la Boqueria des que era un nen.

It is the largest market in Spain, and most vendors have been here for three or four generations. The vendors themselves are a union between the past and present. They are innovators and planners, filled with idea and projects for renewing the Boqueria for the new Barcelona. El Bar Pinotxo, T. 933171731, is the market's most well-known stall. You often have to wait your turn to sit at the crowded bar and dig into the day's specials. The bar makes good use of its location by creating selections based on the market's daily offer. That is, don't expect to find a menu or prix fixe here. Everybody knows Pinocho, also known as Joan or Juanito.

Es el mayor mercado de España y los vendedores actuales son en su mayoría de la tercera y cuarta generación. Ellos representan la unión del pasado con el presente, innovadores y llenos de proyectos e ideas de renovación de la Boqueria para la nueva Barcelona. El Bar Pinotxo, T. 933171731, es el puesto con más renombre del mercado: hay que esperar turno para sentarse en su abarrotada barra y degustar los platos del día. Aprovechan su ubicación para plantear su oferta con lo que el mercado ofrezca en el día, es decir, no utilizan cartas ni menús. Todo el mundo conoce a Pinocho, Joan o Juanito.

C11

la rambla, 83   t. 933016027

▶   Ⓜ L 3 (liceu)
🚌 L 14, 59, 91
www.escriba.es
rambla@escriba.es

altre / other / otro
gran via, 546   t. 934547535
granvia@escriba.es

L'antiga Casa Figueras va ser reformada el 1902 per l'escenògraf Ros i Güell. En aquest establiment coincideixen un calidoscopi de rebosteria artesanal, una decoració modernista autèntica i una gerència en mans d'una de les millors estirps de pastissers amb molta història i ofici. El 1986 el famós «Mozart de la xocolata», Antoni Escribà i Serra, amb seu a la Gran Via, va comprar aquest local per al seu fill i la seva jove. Encara avui dia es pot gaudir d'aquest petit oasi on qualsevol desig es pot convertir en pastís.

The old Casa Figueras was restored in 1902 by set designer Ros i Güell. Here, a flurry of hand-crafted confections, authentic modernist décor and management by the best breed of pastry chefs converge with history and craftsmanship. In 1986 the so-called "Mozart of chocolate," Antoni Escribà i Serra, headquartered on Gran Via, bought this locale for his son and daughter-in-law. Today you can still enjoy this little oasis in the city where any wish can become reality in the form of cake.

La antigua Casa Figueras fue reformada en 1902 por el escenógrafo Ros i Güell. En este establecimiento coinciden un caleidoscopio de repostería artesanal, una decoración modernista auténtica y una gerencia en manos de una de las mejores estirpes de pasteleros con mucha historia y oficio. En 1986 el famoso «Mozart del chocolate», Antoni Escribà i Serra, con su sede en la Gran Via, compró este local para su hijo y su nuera. Todavía hoy en día se puede disfrutar de este pequeño oasis en el que cualquier deseo se puede convertir en pastel.

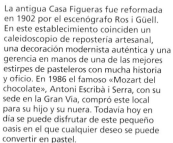

C12

rambla del raval, 39, 43   t. 934436579

▶ Ⓜ L 2, (paral·lel), 3 (paral·lel, drassanes, liceu)
🚌 L 120
www.suculent.com

Suculent no és ben bé un restaurant, sinó una fonda de tota la vida; un lloc on pots dinar, sopar i picar alguna cosa.
Es troba al local de l'antiga Bodega del Raval, una peculiar taverna freqüentada per personatges del lumpen i canalles de tota mena del segle passat. Suculent t'ofereix plats de sempre de la gastronomia mediterrània, però preparats fent servir idees i tècniques més actuals.
A la veïna Taberna del Suculent, les tapes i els aperitius són l'alternativa o el complement perfecte d'una carta basada en ingredients de mercat.

Suculent is not quite what you'd call a restaurant, it is more a house of traditional food, a place where you can have lunch, supper or just nibbles.
It took bravery to set up home in the premises of the former Bodega del Raval, an unusual bar frequented by all kinds of social outcasts and misfits in the last century. Today, however, you'll find well-loved Mediterranean dishes of yesteryear updated and prepared using the latest techniques.
In the Taberna del Suculent next door, tapas and aperitifs provide an ideal alternative or complement to the menu based on market produce.

Suculent no es exactamente un restaurante, es una casa de comidas de toda la vida, un lugar en el que puedes cenar, comer y picar.
Está instalado en el local de la antigua Bodega del Raval, una peculiar tasca frecuentada por personajes del lumpen y canallas de todo tipo del pasado siglo. En Suculent encontrarás platos de siempre de la gastronomía mediterránea, pero preparados con ideas y técnicas más actuales.
En la vecina Taberna del Suculent, las tapas y aperitivos son la alternativa o el complemento idóneo de una carta basada en el producto de mercado.

bar cañete

unió, 17   t. 932703458

   Ⓜ L 3 (liceu)
🚌 L 14, 59, 91, 120
www.barcanete.com
reservas@barcanete.com

Cuina per a temps de crisi, en què el públic vol saber què menja i prefereix emparar-se en la tradició. Tot el peix i marisc que serveixen és fresc i ve de les llotges catalanes; les verdures són d'agricultura de proximitat i sempre de temporada. És, sens dubte, una de les millors barres de Barcelona.

The Bar Cañete serves food for times of crisis, when people want to know what they're eating and turn to their traditional favorites. All the fish and seafood comes fresh from Catalan fish markets and the vegetables are grown nearby and always the best of the season. This is without doubt one of the finest bars in Barcelona.

Cocina para tiempos de crisis en los que el público quiere saber lo que come y refugiarse en la tradición. Todo el pescado y marisco que ofrecen es fresco de las lonjas catalanas y las verduras son de agricultura de proximidad y siempre de temporada. Sin duda, una de las mejores barras de Barcelona.

la monroe

plaça salvador seguí, 1-9   t. 934419461

▶ L 2, (paral·lel), 3 (paral·lel, drassanes, liceu)
 L 120
www.lamonroe.es
info@lamonroe.es

La Monroe és el nou espai gastronòmic de la Filmoteca de Catalunya. L'agradable terrassa a la plaça de Salvador Seguí és un punt de trobada ideal a la ciutat i ofereix la possibilitat de recórrer totes les hores del dia de la mà de diferents propostes: des d'esmorzars, fins a menús per dinar, *coffee time,* tardes d'aperitius i de canyes i, al vespre, els plats i còctels de La Monroe Nights.

La Monroe is the new venue for gourmets at the Filmoteca de Catalunya. It makes an ideal meeting place in the city thanks to its pleasant outdoor tables on Plaça Salvador Seguí and the fact that it can offer something to delight at all hours of the day, including various breakfast options, a lunchtime set menu, afternoon teas and coffees, evening aperitifs and drinks, as well as the range of dishes and cocktails of La Monroe Nights.

La Monroe es el nuevo espacio gastronómico de la Filmoteca de Cataluña. Su agradable terraza de la Plaza Salvador Seguí es un ideal punto de encuentro en la ciudad y ofrece la posibilidad de recorrer todas las horas del día de la mano de sus diferentes propuestas, los desayunos, el menú de medio día, coffee time, tarde de aperitivos y cañeo, rematando con los platos y cocktails de La Monroe Nights.

MONTJUÏC-POBLE SEC

D1   quimet i quimet
D2   restaurant xe-mei
D3   restaurant tickets
D4   restaurant pakta
D5   bodega 1900
D6   restaurant espai kru
D7   fundació joan miró
D8   jardí botànic
D9   pavelló mies van der rohe
D10 caixaforum

montjuïc-poble sec

A 191 m sobre el nivell del mar es concentra una àmplia oferta cultural i d'oci. Montjuïc és probablement l'origen de Barcelona. A la part alta d'aquest turó que cau abruptament sobre el mar hi va haver un assentament preromà. El significat del seu nom no està gaire clar: hi ha qui diu que ve del Mons Jovis —Muntanya de Júpiter— com la denominaven els romans, i d'altres diuen que és el «Forest dels Jueus», tot recordant una necròpoli hebrea que hi va haver a la muntanya. Dos grans esdeveniments han deixat la seva empremta a Montjuïc: l'Exposició Universal de 1929 i els Jocs Olímpics de 1992. S'hi pot accedir de tres maneres: en vehicle, utilitzant les escales mecàniques del Palau Nacional que arriben fins a la mateixa avinguda de l'Estadi o amb el Funicular de Montjuïc. Als peus de Montjuïc hi ha el Poble Sec, un sector definit pel carrer de Lleida, l'avinguda de Josep Carner i el Paral·lel. El seu creixement va ser en un principi força especulatiu: de fet, aquesta zona va ser el primer eixample de Barcelona, anterior al projecte de Cerdà, en cedir a les pressions per edificar més enllà dels límits de les antigues muralles.

At 191 meters (626 feet) above sea level, a wide range of cultural and leisure options are packed into this neighborhood. Experts say that the origins of Barcelona itself might lie in Montjuïc, where there was once a pre-Roman settlement overlooking the dramatic drop down to the Mediterranean. Though there are many theories, the meaning of Montjuïc's name remains unclear: some say that it comes from Mons Jovis—mountain of Jupiter—as the Romans called it, while others say the word origin is related to "Mountain of the Jews," evoking the Hebrew necropolis that once sat on the mountain. In modern times, two major events have left their mark on Montjuïc: the 1929 World Exposition and the 1992 Olympic Games. There are three ways to reach the top: by road, by the escalators which take you from Palau Nacional to the top at Avinguda de l'Estadi, or by way of the Funicular de Montjuïc. Poble Sec is located at the base of Montjuïc. It is an area delimited by the streets of Lleida, Josep Carner and Paral·lel. Its construction was at first rather speculative: in fact, this area was Barcelona's first expansion project, prior to the massive Cerdà plan, which yielded to the pressures of the day to build outside the ancient city walls.

A 191 m sobre el nivel del mar, se concentra una amplia oferta cultural y de ocio. Montjuïc es probablemente el origen de Barcelona. En lo alto de este cerro que cae abruptamente sobre el mar, hubo un asentamiento prerromano. El significado de su nombre no está muy claro: hay quien dice que viene del Mons Jovis —Montaña de Júpiter— como lo denominaban los romanos, y otros dicen que es el «Monte de los Judíos», recordando una necrópolis hebrea que hubo en la montaña. Dos grandes acontecimientos han dejado su huella en Montjuïc: la Exposición Universal de 1929 y los Juegos Olímpicos de 1992. El acceso es posible de tres maneras: bien en coche, bien utilizando las escaleras mecánicas del Palau Nacional que llegan hasta la misma avenida de l'Estadi o bien con el Funicular de Montjuïc. A los pies de Montjuïc está el Poble Sec, un sector definido por la calle Lleida, la avenida Josep Carner y el Paral·lel. Su crecimiento fue en un principio un tanto especulativo: de hecho, esta zona fue el primer ensanche de Barcelona, anterior al proyecto de Cerdà, que cedió a las presiones para construir más allá de las antiguas murallas.

quimet i quimet

poeta cabanyes, 25   t. 934423142

▶   Ⓜ L 2, 3 (paral·lel)
🚌 L 20, 24, 57, 61, 64, 121, 157

Considerat per molts com el millor bar de tapes de la ciutat, és un lloc autèntic que porta ja quatre generacions de Quimets oferint tapes delicioses, bons vins, caves i bon humor, concentrant-ho tot en un local petit. Quim és un mestre de les barquetes: ofereix originals i atrevides combinacions de conserves d'una qualitat altíssima, com la famosa barqueta de salmó amb iogurt grec, mel i crema balsàmica de Mòdena. Tenen a disposició del client un dels cellers més grans de la ciutat.

Many consider this the best tapas bar in the city. It is sure to be an authentic experience, where four generations of Quimets have been serving delicious tapas, good wine, *cava* (sparkling wine) and good company. All of this concentrated in a tiny locale. Quim is a master of *montaditos* (canapé-like tapas) offering original and bold combinations of high-quality ingredients, like the famous toasty of salmon with Greek yogurt, honey and cream of Modena balsamic vinegar. It also has one of the best-stocked wine cellars in the city.

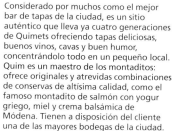

Considerado por muchos como el mejor bar de tapas de la ciudad, es un sitio auténtico que lleva ya cuatro generaciones de Quimets ofreciendo tapas deliciosas, buenos vinos, cavas y buen humor, concentrándolo todo en un pequeño local. Quim es un maestro de los montaditos: ofrece originales y atrevidas combinaciones de conservas de altísima calidad, como el famoso montadito de salmón con yogur griego, miel y crema balsámica de Módena. Tienen a disposición del cliente una de las mayores bodegas de la ciudad.

restaurant xe-mei

D2

passeig de l'exposició, 85   t. 935535140

 L 3 (poble sec)
L 55, 57, 61, 121, 157

Max, arquitecte i cuiner de vocació, va decidir apostar juntament amb el seu germà bessó Stefano (d'aquí el nom del restaurant) i Mauri per a un projecte a Barcelona. Van decidir obrir el 2005 aquest restaurant magnífic on es respira un ambient d'*osteria* veneciana. La carta, una complicitat amb la cuina veneciana, és concisa, però d'una qualitat altíssima, a base de productes de mercat. Inclou, a més, uns plats del dia que n'hi ha per a sucar-hi pa. Han obert un local contigu, una *chiquetería* (local de tapes) en el qual s'oferiran les tapes i els còctels més emblemàtics de la ciutat dels canals.

Max, architect and cook by vocation, came to Barcelona with an idea for a new restaurant. Along with his twin brother Stefano (Xe-Mei is a derivative of the Italian word for "twin") and Mauri, the trio opened this magnificent restaurant at the foot of Montjuïc in 2005. The atmosphere is infused with that of a real Venetian *osteria*. With a nod toward Venetian cuisine, the day's fresh market products makes up a small but magnificent menu. Daily specials are not to be missed. They also have a tapas bar in the adjacent locale serving the City of Canals' most emblematic tapas and cocktails.

Max, arquitecto y cocinero de vocación, decidió apostar junto a su hermano gemelo Stefano (de ahí el nombre del restaurante) y Mauri por un proyecto en Barcelona. Decidieron abrir en 2005 este magnífico restaurante en el que se respira un ambiente de *osteria* veneciana. La carta, un guiño a la cocina veneciana, es escueta pero de altísima calidad, a base de productos de mercado. Incluye además unos platos del día que no tienen desperdicio. Han abierto un local contiguo, una chiquetería (local de tapas) en el que se ofrecerán las tapas y los cócteles mas emblemáticos de la ciudad de los canales.

D3

av. paral·lel, 164

▶ ⟨M⟩ L 3 (poble sec)
🚌 L 13, 37, 55, 191, 121, 141
www.ticketsbar.es

Després de la breu però intensa experiència de l'Inopia, i amb la col·laboració dels germans Iglesias, Albert i Ferran Adrià posen en marxa la proposta plural de Tickets.
El local consta de diverses barres: La Presumida és un reflex de la Barcelona mediterrània; La Estrella, el centre neuràlgic de les begudes. El galliner —o el Camarote de los Marx— és un petit espai a l'entrada del local. La quarta és Nostromo 180286, una barra alta d'estètica futurista. El Garatge, amb l'estètica industrial d'un contenidor del port de Barcelona, és el lloc on se serveixen els productes a la brasa. Finalment, La Dolça és la barra per a les tapes dolces.

Following the brief but breathtaking experience of Inopia, Albert and Ferran Adrià, with the help of the Iglesias brothers, have set up Tickets, which offers an unusually large choice, as it is home to a number of different bars.

La Presumida is a reflection of Mediterranean Barcelona; at La Estrella, the focus is on drink rather than food; the Camarote de los Marx, known to staff and regulars as the henhouse, is a small spot at the entrance; Nostromo 180286 is a raised bar with a futuristic look; El Garatge, with its industrial aesthetic of a shipping container, is the area where chargrilled food is served; and lastly, there's La Dolça for sweet tapas.

Tras la breve pero intensa experiencia del Inopia y con la colaboración de los hermanos Iglesias, Albert y Ferran Adrià ponen en marcha la propuesta plural de Tickets.

El local consta de varias barras: La Presumida, el reflejo de la Barcelona mediterránea; La Estrella, el centro neurálgico de la bebida. El gallinero o el Camarote de los Marx, es un espacio pequeño en la entrada del local. La cuarta es Nostromo 180286, una barra alta de estética futurista. El Garatge, con la estética industrial de un contenedor del puerto, es el lugar donde se sirven los productos a la brasa. Y por último, La Dolça, de tapas dulces.

restaurant pakta

D4

lleida, 5   t. 936240177

▶ Ⓜ L 1, 3 (espanya, poble sec)
🚌 L 13, 46, 55, 65, 91, 141, 165
www.pakta.es

De l'admiració d'Albert Adrià per la cuina japonesa i peruana, el 2013 va néixer Pakta, que en quítxua vol dir «unió». El restaurant està capitanejat pels joves xefs Kioko Ii, pel que fa a la cuina japonesa, i Jorge Muñoz, pel que fa a la cuina peruana.
L'objectiu consisteix a donar a conèixer la fusió d'aquestes dues cultures en la gastronomia, sense oblidar el context en què ens trobem: la Mediterrània.
Pakta significa descobrir dues cultures a través dels seus ingredients, plats típics i tradicions.

Albert Adrià's admiration for Japanese and Peruvian cuisine resulted in the opening in 2013 of Pakta ("union" in Quechua), a restaurant led by the young chefs Kioko Ii, on the Japanese side, and Jorge Muñoz, on the Peruvian side.
The restaurant aims to raise awareness of the fusion of these two cultures in the realm of food, all the while bearing in mind the local Mediterranean context.
Pakta provides an opportunity to discover two cultures through their ingredients, typical dishes, and traditions.

De la admiración de Albert Adrià por la cocina japonesa y peruana, nace en 2013 Pakta, en quechua "unión", restaurante capitaneado por los jóvenes jefes de cocina Kioko Ii, por la parte japonesa y Jorge Muñoz, por la parte peruana.
El objetivo es dar a conocer la fusión de estas dos culturas en la gastronomía sin olvidar el contexto en el que nos encontramos: el mediterráneo.
Pakta te ayuda a descubrir dos culturas a través de sus ingredientes, platos típicos y tradiciones.

bodega 1900

tamarit, 91   t. 933252659

▶ Ⓜ L 1, 3 (espanya, poble sec)
🚌 L 13, 46, 55, 65, 91, 141, 165
www.bodega1900.com

La Bodega 1900 es troba en un edifici construït el mateix any que dóna nom al local: un homenatge a les vermuteries tradicionals per recuperar i reivindicar el costum tan saludable d'«anar a fer el vermut»; un signe identitari de la cultura catalana.
Els plats són una proposta personal d'Albert Adrià, i s'elaboren diàriament segons els productes del dia i seguint receptes tradicionals. Salaons, confitats, guisats, escabetxos, conserves i cuina al carbó integren la proposta gastronòmica que va prenent forma amb el pas del temps.

The Bodega 1900 bar is situated in a building constructed in the year after which it is named. It pays tribute to traditional vermouth bars and is keen to revive the healthy ritual of going out and having a vermouth, one of the hallmarks of Catalan culture.
The dishes, personally selected by Albert Adrià, are prepared each day using seasonal ingredients and are based on traditional recipes. Salted meat and fish, confits, stews, marinaded produce, traditional canned produce, and chargrilled dishes are the basis of the culinary offering.

La Bodega 1900 es un local en un edificio construido en el mismo año que le da el nombre, un homenaje a las vermuterías tradicionales para recuperar y reivindicar la tan saludable costumbre de «anar a fer el vermut» un signo identitario de la cultura catalana.
Los platos son una propuesta personal de Albert Adrià, elaborados diariamente en base al producto del día y basados en recetas tradicionales. Salazones, confitados, guisos, escabeches, conservas y cocina al carbón forman la propuesta gastronómica que va cogiendo forma con el paso del tiempo.

lleida, 7   t. 934248152 / 934234570

▶ Ⓜ L 1, 3 (espanya, poble sec)
🚌 L 13, 46, 55, 65, 91, 141, 165
www.espaikru.com
info@riasdegalicia.com

Abans del foc. Sashimis, carpaccios i tàrtars. Després van arribar els marinats, els adobs i les salaons.
La carta consta de dues parts. La principal, basada en elaboracions sense foc, és una oda als diferents productes: mol·luscs Kru, crustacis Kru, peixos Kru, carns Kru, verdures Kru. A la segona, hi descobrim el foc.
Un entorn modern, format per una barra de cocteleria i una barra oberta, on els cuiners preparen els plats davant els clients.

In the beginning, before fire, there were sashimis, carpaccios, and tartares. Then came marinades, dressings, and brines.
The menu is arranged in two sections. The main one, based on uncooked dishes, is a eulogy to fresh produce. Kru is a play on cru, meaning raw in French. Here you will find Kru mussels, Krustaceans, Kru fish, Kru meat, and Kru vegetables. In the second part of the menu, we come to the discovery of fire.
Espai Kru has a modern décor, a cocktail bar, and an open bar where chefs prepare dishes in front of diners.

Antes del fuego. Sashimis, carpaccios y tartar. Luego llegaron los marinados, los aliños y los salazones.
La carta tiene dos partes. La principal, basada en elaboraciones sin fuego, es un canto al producto. Moluscos kru, krustáceos, pescados kru, carnes kru, verduras kru. Y una segunda parte en la que descubrimos el fuego.
Un entorno moderno, una barra de coctelería y otra abierta donde los cocineros preparan platos delante de los clientes.

fundació joan miró

josep lluís sert
jaume freixa

1988

parc de montjuïc s/n   t. 934439470 / f. 933298609

▶ Ⓜ L 3 (paral·lel funicular de montjuïc)
🚌 L 14, 17, 19, 39, 40, 45, 51
www.fundacionmiro-bcn.org

La concepció inicial del conjunt museístic no va ser només per allotjar les 10.000 obres que va donar el pintor barceloní Joan Miró, sinó també per fer exposicions temporals (dedicades a altres artistes o moviments), l'auditori i la biblioteca situats a la torre de planta octogonal. Es va construir a la dècada de 1970. Josep Lluís Sert i López i Jackson & Associates deixen veure, a través del treball en formigó vist i la cura de les proporcions, la influència directa de Le Corbusier. Situada a Montjuïc, la Fundació Joan Miró té una de les millors vistes de la ciutat, especialment des de la terrassa més alta en la qual hi ha un jardí d'escultures.

The initial concept of this museum complex was not only to house the 10,000 works donated by Barcelona artist Joan Miró. It was also designed to support programming of temporary exhibitions on other artists or art movements, the auditorium and the library within the octagonal tower. Built in the 1970s, Le Corbusier's direct influence is seen in the Josep Lluís Sert i López and Jackson & Associates design through exposed concrete and exacting proportions. Located in Montjuïc's park, the Fundació Joan Miró possesses one of the best views in the city, especially from the sculpture garden, which sits on the highest terrace of the complex.

La concepción inicial del conjunto
museístico no fue sólo para albergar
las 10.000 obras donadas por el pintor
barcelonés Joan Miró, sino también para
hacer exposiciones temporales (dedicadas
a otros artistas o movimientos), el
auditorio y la biblioteca situados en la
torre de planta octogonal. Se construyó
en la década de 1970. Josep Lluís Sert
i López y Jackson & Associates dejan ver,
a través del trabajo en hormigón visto y el
cuidado de las proporciones, la influencia
directa de Le Corbusier. Ubicada en
Montjuïc, la Fundació Joan Miró posee
una de las mejores vistas de la ciudad,
especialmente desde la terraza más alta
en la que hay un jardín de esculturas.

jardí botànic

carlos ferrater, josep l. canosa,
beth figueras

1989-1999/2001-2003

▶   L 193
www.jardibotanic.bcn.es
jardibotanic@bcn.cat

Aquest jardí botànic —unes 15 ha— està construït en el vessant septentrional de la muntanya de Montjuïc i forma un gran amfiteatre orientat al sud-est. L'estructura fonamental és una malla triangular tridimensional, que s'adapta tant al terreny com a les diferents necessitats de la construcció del jardí: diversitat d'orientacions, mínim moviment de terres, creació de microclimes, sistema de camins, reg, etc.

This botanical garden—of some 15 hectares (38 acres)—is built on the northern slope of Montjuïc, forming a large southwest-facing amphitheatre. The fundamental structure is that of a three-dimensional triangular mesh that adapts to the shape of the land as well as to the various needs of the garden's landscaping: diversity of orientation, minimal shifting of soil, creation of microclimates, a system of pathways and irrigation, among other considerations.

Este jardín botánico —unas 15 ha— está construido en la vertiente septentrional de la montaña de Montjuïc, formando un gran anfiteatro orientado al sudeste. La estructura fundamental es una malla triangular tridimensional, que se adapta tanto al terreno como a las distintas necesidades de la construcción del jardín: diversidad de orientaciones, mínimo movimiento de tierras, creación de microclimas, sistema de paseos, riego, etc.

pavelló mies van der rohe

ludwig mies van der rohe (1929)
ignasi de solà-morales i rubio,
cristian cirici, fernando ramos
(reconstrucció, 1986)

av. del marquès de comillas s/n   t. 934234016 / f. 934263772

  Ⓜ L 1, 3 (espanya)
🚌 L 13, 23, 50, 61, 193
www.miesbcn.com
pavellomiesbcn.com

Aquest icònic monument al racionalisme, reconstrucció del pavelló original creat per Mies van der Rohe per a l'Exposició Universal de Barcelona el 1929, s'ha convertit en un referent per a l'arquitectura moderna europea. Cristian Cirici, Ignasi de Solà-Morales i Fernando Ramos van fer aquesta reconstrucció excel·lent, que avui és un dels llocs més visitats de la ciutat, el 1986. Tot en marbre verd grec, marbre verd alpí, travertí romà, ònix daurat, vidres de diferents tonalitats, pilars d'acer i un focus de llum: és el lloc per al qual es va crear l'emblemàtica *Cadira Barcelona* de Mies van der Rohe.

This iconic monument to rationalism is a reconstruction of Mies van der Rohe's original pavilion created for the 1929 World Exposition in Barcelona. Today it has become a point of reference for modern European architecture. Cristian Cirici, Ignasi de Solà-Morales and Fernando Ramos built this excellent reconstruction in 1986, which has since become one of the most visited sites in the city. Constructed of ancient green marble from Greece, green Alpine marble, Roman travertine, golden onyx, multicolored glass and steel pillars. A floodlight illuminates Mies van der Rohe's iconic *Barcelona chair*.

Este icónico monumento al racionalismo, reconstrucción del pabellón original creado por Mies van der Rohe para la Exposición Universal de Barcelona en 1929, se ha convertido en un referente para la arquitectura moderna europea. Cristian Cirici, Ignasi de Solà-Morales y Fernando Ramos realizaron esta excelente reconstrucción, que hoy es uno de los lugares más visitados de la ciudad, en 1986. Todo en mármol verde griego, mármol verde alpino, travertino romano, ónice dorado, vidrios de distintas tonalidades, pilares de acero y un foco de luz: es el lugar para el que se creó la emblemática *Silla Barcelona* de Mies van der Rohe.

caixaforum

josep puig i cadafalch

1909

arata isozaki (2002)

av. del marquès de comillas, 6-8   t. 934768600 / f. 934768635

 ▶ ⟨M⟩ L 1, 3 (espanya)
🚌 L 13, 23, 50, 91, 193
www.obrasocial.lacaixa.es/centros/caixaforumbcn_es.html

Una de les obres més importants de Josep Puig i Cadafalch, és la fàbrica de filats Casarramona, valuosa perquè és la que s'allunya més dels plantejaments del seu arquitecte per ser fidel a l'estètica del Modernisme. Actualment, ha estat rehabilitada per la Fundació "la Caixa" i ha estat convertida en una magnífica sala d'exposicions.

One of the most important works of Josep Puig i Cadafalch is the Casarramona spinning mill. The mill is valued for its strong contrast to his typical work, which was done in order to faithfully follow the Modernist aesthetic of the time. Fundació "la Caixa" recently converted the building into a magnificent exhibition hall.

Una de las obras más importantes de Josep Puig i Cadafalch, es la fábrica de hilados Casarramona, valiosa por ser la que más se aleja de los planteamientos de su arquitecto para ser fiel a la estética del Modernismo. En la actualidad, ha sido rehabilitada por la Fundació "la Caixa" y convertida en una magnífica sala de exposiciones.

SARRIÀ-SANT GERVASI-GRÀCIA

E1   gouthier
E2   jofré
E3   oriol balaguer
E4   café de paris
E5   lola bou
E6   la masia de la boqueria
E7   restaurant hofmann
E8   flash flash
E9   restaurant coure
E10 restaurant roig robí
E11 nobodinoz
E12 ox

sarrià-sant gervasi-gràcia

Es tracta d'un districte residencial i acomodat, amb
nombrosos parcs i zones verdes, combinats amb uns
prestigiosos centres educatius i sanitaris. És el principal punt
d'accés dels barcelonins al parc de Collserola, el pulmó verd
més important de la ciutat. El Sarrià d'avui combina els racons
on es pot rememorar amb facilitat l'antic poble rural que era,
amb les zones modernes i les grans vies de comunicació.
Va quedar agregat a la ciutat per reial decret, i va ser l'últim
poble del pla a incorporar-se a Barcelona. Durant els segles
XVI-XVII, Sarrià va adquirir una certa importància en instal·lar-
s'hi les cases d'estiueig dels barcelonins acabalats. Igual que
va succeir amb Sant Gervasi quan va ser descobert a mitjan
segle XIX per la burgesia barcelonina i van començar les
primeres urbanitzacions. La zona va deixar de ser rural a
partir de 1850 i va esdevenir, a començaments del segle XX,
en un dels nuclis més rics de Barcelona. En poc més de
cinquanta anys va deixar de ser un petit poble rural i es
va convertir en una zona residencial amb antigues cases
pairals, vil·les d'estiueig, convents i col·legis religiosos.

Sarrià-Sant Gervasi is an upper-class residential area with a variety of parks and green zones, as well as a slew of prestigious education and health centers. This is also the main access point for the people of Barcelona to reach Collserola park, the city's most important "green lung". Modern-day Sarrià combines quiet spots for reminiscing about the old rural town is once was, along with modern buildings and major transit routes. The village was annexed by the city by royal decree, becoming the last town incorporated into Barcelona. In the 16th and 17th centuries, Sarrià acquired a certain importance when the wealthy and powerful of the big city began to build their summer homes there. The same happened to Sant Gervasi when Barcelona's mid-19th century bourgeoisie discovered the area and began to build its first housing developments. After 1850 the land lost much of its rural character, instead becoming one Barcelona's wealthiest districts in the 20th century. In last over 50 years, Sant Gervasi went from being a small rural village to a residential neighborhood full of stunning ancestral houses, summer villas, convents and religious colleges.

Se trata de un distrito residencial y acomodado, con numerosos parques y zonas verdes, combinados con prestigiosos centros educativos y sanitarios. Es el principal punto de acceso de los barceloneses al parque de Collserola, el pulmón verde más importante de la ciudad. El Sarrià de hoy combina los rincones donde se puede rememorar con facilidad el antiguo pueblo rural que era, con las zonas modernas y las grandes vías de comunicación. Quedó agregado a la ciudad por real decreto, siendo el último pueblo del plan en incorporarse a Barcelona. En los siglos XVI-XVII, Sarrià adquirió una cierta importancia al instalarse allí las casas de veraneo de los barceloneses pudientes. Al igual que ocurrió con Sant Gervasi cuando fue descubierto a mediados del siglo XIX por la burguesía barcelonesa y empezaron las primeras urbanizaciones. La zona dejó de ser rural a partir de 1850 para convertirse a comienzos del siglo XX en uno de los núcleos más ricos de Barcelona. En poco más de cincuenta años dejó de ser un pequeño pueblo rural y se convirtió en una zona residencial con antiguas casas solariegas, villas de veraneo, conventos y colegios religiosos.

gouthier

mañé i flaquer, 8   t. 932059969

   FGC L 6 (sarrià)
L 30, 66, 68, 130
www.gouthier.es
biomarisc@telefonica.net

Gouthier és l'únic distribuïdor que hi ha per a ostres franceses, fet que li va donar empenta per iniciar aquest *oyster bar*, molt de moda a Europa i pioner a Barcelona. Es tracta d'un *show room* en el qual es poden degustar ostres fresques de Marennes de diferents calibres, a més d'una extensa selecció de productes Carpier (foie, fetge de rap, anguila fumada, guatlles confitades, etc.). I per acompanyar aquestes delícies, ofereixen una curta però ajustada selecció d'espumosos, de blancs i de negres.

Gouthier is the only distributor of French oysters in the city, a fact that compelled them to open an oyster bar—trendy in the rest of Europe, but the first of its kind in Barcelona. The bar is a show room where you can try the different varieties of fresh Marennes oysters. There is also an extensive selection of Carpier products (foie, monkfish liver, smoked eel and quail confit). To complement these delicacies, Gouthier offers a limited but choice selection of sparkling, red and white wines.

Gouthier es el único distribuidor que hay para ostras francesas, hecho que le dio empuje para iniciar este *oyster bar*, muy de moda en Europa y pionero en Barcelona. Se trata de un *show room* en el que se pueden degustar ostras frescas de Marennes en sus diferentes calibres, además de una extensa selección de productos Carpier (foie, hígado de rape, anguila ahumada, codornices confitadas, etc.). Y para acompañar estas delicias, ofrece una corta pero ajustada selección de espumosos, blancos y tintos.

jofré

bori i fontestà, 2   t. 932418790 / f. at. client: 977319880

▶   🚌 L 6, 7, 14, 33, 34, 63, 67, 68
www.jofre.es

altres / others / otros
passeig de gràcia, 104   t. 931850000
bori i fontestà, 4 i 6
f. pérez cabrero, 7, 9 i 13   t. 932413522/23.

Es tracta d'una firma familiar molt exclusiva fundada el 1929 que s'ha apoderat de la zona del Turó Park i que ja té set punts de venda a la capital catalana. És sinònim de luxe i els seus clients fidels són amants de les grans firmes internacionals. Ofereixen una selecció molt àmplia de peces, bosses i sabates dels noms internacionals de la millor moda entre els quals hi ha Prada, Alaïa, Gucci, Marni, Vera Wang o Tomas Maier, entre d'altres.

This highly exclusive family business, founded in 1929, has practically taken over the Turó Park area and has seven locations in the Catalan capital. Synonymous with luxury, its loyal customer base are fanatics of major international labels. The store offers a wide selection of apparel, bags and shoes from the best names in fashion: Prada, Alaïa, Gucci, Marni, Vera Wang and Tomas Maier, among others.

Se trata de una exclusivísima firma familiar fundada en 1929 que se ha apoderado de la zona del Turó Park y que ya cuenta con siete puntos de venta en la capital catalana. Es sinónimo de lujo y sus fieles clientes son amantes de las grandes firmas internacionales. Ofrecen una amplísima selección de prendas, bolsos y zapatos de los nombres internacionales de la mejor moda entre los que se hayan: Prada, Alaïa, Gucci, Marni, Vera Wang o Tomas Maier, entre otros.

oriol balaguer

plaça de sant gregori taumaturg, 2   t. 932011846 / f. 932011847

▶ **FGC** L 6 (bonanova)
🚌 L 6, 14, 30, 34, 68
www.oriolbalaguer.com
consultas@oriolbalaguer.com

Aposta, innova i s'anticipa a allò que ha d'arribar. Presenta una selecció singular i arriscada de cassoletes, pastissos, postres i bombons. Combinacions de dolç i de salat, de clàssic i d'insòlit, de sentit i de sensibilitat i de luxe i de sofisticació creativa. Les innovadores formes, textures i aromes, juntament amb el disseny original del *packaging*, fan que aquesta bomboneria armonitzi perfectament amb els gustos del consumidor més exigent.

This candy store stays relevant by continually innovating and anticipating future trends. The shelves display an outstanding, bold selection of *cazuelitas* (clay-pot baked dishes), cakes and chocolates. Flavors combine sweet and salty, classic and unusual, sense and sensibility, and luxury and creative sophistication. The innovative shapes, textures and aromas, together with packaging design, puts this candy store in perfect harmony with the most demanding tastes.

Apuesta, innova y se anticipa a lo que está por llegar. Presenta una selección singular y arriesgada de cazuelitas, pasteles, postres y bombones. Combinaciones de dulce y salado, de clásico e insólito, de sentido y sensibilidad y de lujo y sofisticación creativa. Las innovadoras formas, texturas y aromas, junto al original diseño del packaging, hacen que esta bombonería armonice perfectamente con los gustos del consumidor más exigente.

café de parís

mestre nicolau, 16   t. 932001914

▶   🚌 L 6, 7, 14, 15, 27, 32,
         33, 34, 63, 67, 68

És un clàssic de la zona alta que fa més de trenta anys que serveix una de les millors carns de la ciutat. L'entrecot és el clar protagonista d'aquest lloc acollidor, un tall de carn de boví de la regió dorsal anterior. El seu incondicional acompanyant és la salsa «Café de París», una barreja elaborada amb vint-i-quatre espècies, licors i herbes aromàtiques diverses barrejades amb mantega fosa. La salsa no és d'origen francès, sinó suís i va ser batejada amb el nom del restaurant que la va veure néixer la dècada de 1930.

A classic uptown eatery that has been serving the choicest meat in the city for over thirty years. The bovine entrecote is the shining star of this cozy café. The entrecote is always paired with "La Salsa Café de París," a blend of twenty-four spices, liqueurs and herbs in a butter base. The sauce is originally Swiss, not French, as its name suggests, but earned its name from the restaurant where it was born in the 1930s.

Es un clásico de la zona alta que lleva más de treinta años sirviendo una de las mejores carnes de la ciudad. El entrecot es el claro protagonista de este acogedor lugar, un corte de carne de bovino de la región dorsal anterior. Su incondicional acompañante es La Salsa «Café de París», una mezcla elaborada con veinticuatro especias, licores y hierbas aromáticas diversas, todas ellas mezcladas con mantequilla fundida. La salsa no es de origen francés sino suizo y fue bautizada con el nombre del restaurante que la vio nacer en la década de 1930.

lola bou

calvet, 56   t. / f. 932014239

 FGC L 6 (muntaner)
L 14, 58, 64, 68

És una *boutique* exquisida de la zona alta de Barcelona que presenta una col·lecció irresistible de firmes molt exclusives de calçat i complements. Les sabates de Stephane Kélian, Miu Miu, Dolce&Gabbana, Valentino o Sergio Rossi són el reclam més llampant per visitar la botiga. Tot un luxe per als peus.

This exquisite boutique in uptown Barcelona presents an irresistible collection of exclusive labels of footwear and accessories. Shoes by Stephane Kélian, Miu Miu, Dolce&Gabbana, Valentino or Sergio Rossi lure passersby into the store. Sure to be a treat for the feet.

Es una exquisita *boutique* de la zona alta de Barcelona que presenta una irresistible colección de exclusivísimas firmas de calzado y complementos. Los zapatos de Stephane Kélian, Miu Miu, Dolce&Gabbana, Valentino o Sergio Rossi son el reclamo más llamativo para pasarse por la tienda. Todo un lujo para los pies.

la masia de la boqueria

amigó, 60   t. 932094212

 FGC L 6 (muntaner)
🚌 L 14, 58, 64, 68
www.lamasiadelaboqueria.com
www.lamasiadelaboqueria.com/contacta.php

El 1996 es va inaugurar en el mercat de la Boqueria aquesta xarcuteria. El 1999 estrenen la botiga al carrer d'Amigó, amb la premissa que el 40% dels seus productes a la venda són de fabricació pròpia, ja que l'empresa és fruit de la unió entre una cadena de xarcuteries d'una gran notorietat i un fabricant d'embotits de prestigi reconegut. El producte, el servei i l'establiment estan orientats al plaer d'adquirir productes *delicatessen*, i el client és assessorat per xarcuters professionals que donen idees diferents en un entorn en què tots els elements conviden al gaudi gastronòmic.

This charcuterie opened in 1996 in the Boqueria market. In 1999, a second shop opened on Amigó, result of the union between a chain of well-known charcuteries and a prestigious producer of cured meats. Following its own charter, 40% of its products are made on premises. The product, service and establishment are focused on making the purchase of delicatessen products a pleasure. Professional staff assist the customer within an environment made to enjoy the gastronomical experience.

En 1996 se inauguró en el mercado de la Boqueria esta charcutería. En 1999 estrenan su tienda en la calle Amigó, siguiendo la premisa de que el 40% de sus productos a la venta sean de fabricación propia, ya que la empresa es fruto de la unión entre una cadena de charcuterías de gran notoriedad y un fabricante de embutidos de reconocido prestigio. El producto, el servicio y el establecimiento están orientados al placer de adquirir productos *delicatessen,* mientras el cliente es asesorado por charcuteros profesionales que dan ideas diferentes en un entorno en el que todos los elementos invitan al disfrute gastronómico.

restaurant hofmann

la granada del penedès, 14-16   t. 932187165 / f. 932189867

FGC L 6, 7 (gràcia)
L 16, 17, 22, 24, 27, 28, 31, 32, 87, 114
www.hofmann-bcn.com
restaurante@hofmann-bcn.com

Mey Hofmann és posseïdora d'una formació vasta, variada i molt completa. Des de ciències econòmiques a gemmologia, tots els seus coneixements han acabat convergint en l'activitat professional que li ha donat més fama, la gastronomia. Va descobrir la passió per la cuina quan era una nena i la va compaginar amb els estudis. Després del seu aprenentatge a les millors escoles i cuines d'Europa va sentir la necessitat de compartir l'experiència i les vivències adquirides. D'aquí va sorgir la seva reputada escola de cuina i més tard el restaurant Hofmann, al carrer de l'Argenteria, avui a la part alta de Barcelona. Un imprescindible per els qui consideren la cuina un art.

Mey Hofmann had a vast, varied and comprehensive education. All her knowledge converged into the profession for which she is most famous: gastronomy. Discovering her passion for cooking as a child, she managed to combine it with her studies. Her apprenticeships in the best schools and kitchens in Europe fostered a desire to share her personal and professional experiences with others. This came in the form of her highly reputed culinary school and, later, in her own restaurant, Hofmann, located on Argenteria, nowadays on the upper area of Barcelona. A must for lovers of the art of cooking.

Mey Hofmann es poseedora de una vasta, variada y completísima formación. Todos sus conocimientos han acabado convergiendo en la actividad profesional que mayor fama le ha dado, la gastronomía. Ella descubrió su pasión por la cocina desde que era niña y la compaginó con sus estudios. Tras su aprendizaje en las mejores escuelas y cocinas de Europa sintió la necesidad de compartir la experiencia y vivencias adquiridas. De ahí surgió su reputadísima escuela de cocina y más tarde el restaurante Hofmann, en la calle Argenteria, hoy ubicado en la zona alta de Barcelona. Un imprescindible para los que consideran la cocina un arte.

flash flash

la granada del penedès, 25   t. 932370990 / f. 934159856

▶ **FGC** L 6, 7 (gràcia)
🚌 L 16, 17, 22, 24, 27, 28, 31, 32, 87, 114
www.flashflashtortilleria.com
flash@grup7portes.com

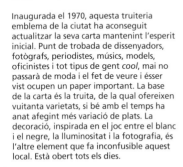

Inaugurada el 1970, aquesta truiteria emblema de la ciutat ha aconseguit actualitzar la seva carta mantenint l'esperit inicial. Punt de trobada de dissenyadors, fotògrafs, periodistes, músics, models, oficinistes i tot tipus de gent *cool*, mai no passarà de moda i el fet de veure i ésser vist ocupen un paper important. La base de la carta és la truita, de la qual ofereixen vuitanta varietats, si bé amb el temps ha anat afegint més variació de plats. La decoració, inspirada en el joc entre el blanc i el negre, la lluminositat i la fotografia, és l'altre element que fa inconfusible aquest local. Està obert tots els dies.

This *tortillería* (omelet shop), opened in 1970, is a city icon, having successfully updated the menu while maintaining its original spirit. Here, designers, photographers, journalists, musicians, models, office workers and all kinds of cool people converge in this eatery where it'll never go out of style to see and be seen. The basic staple of the menu is the *tortilla* (omelet), of which 80 varieties are on offer, although more recently other types of dishes have been added to the mix. Its decoration is an inspired interplay between black and white, luminosity and photography, another point that gives Flash Flash its unmistakable flair. Open every day.

Inaugurada en 1970, esta tortillería, emblema de la ciudad, ha conseguido actualizar su carta manteniendo su espíritu inicial. Punto de encuentro de diseñadores, fotógrafos, periodistas, músicos, modelos, oficinistas y todo tipo de gente *cool*, nunca pasará de moda y el ver y el ser visto desempeñan un importante papel. La base de su carta es la tortilla, de la que ofrecen ochenta variedades, aunque con el tiempo han ido añadiendo más variedad de platos. Su decoración, inspirada en el juego entre el blanco y el negro, la luminosidad y la fotografía, es el otro punto que hace inconfundible este local. Está abierto todos los días.

restaurant coure

passatge marimon, 20   t. 932007532

▶ 🚇 T1, 2, 3 (francesc macià)
   🚌 L 6, 7, 27, 32, 33, 34, 58, 64
   www.restaurantcoure.es

És, sens dubte, una de les millors barres de Barcelona. Prenent com a base principal els productes de temporada, Albert Ventura, exxef del restaurant Neichel, proposa una carta respectuosa amb els productes i els sabors, però sense por de barrejar-los amb ingredients i tècniques foranes per aconseguir un equilibri. A part de la carta, el restaurant també ofereix dos menús de degustació de quatre i vuit plats, en un ambient tranquil i amb taules àmplies.

Coure offers what is unquestionably one of the best bar services in Barcelona. Albert Ventura, formerly chef de cuisine at the Neichel restaurant, proposes dishes based on seasonal produce in which both the food and flavors are respected, but with the occasional foreign touch in the ingredients and techniques in order to achieve a fine balance. The restaurant offers à la carte meals as well as two set tasting menus of four and eight dishes, served in its relaxing dining room with large tables.

Sin duda, una de las mejores barras de
Barcelona. Con la base principal en los
productos de temporada, Albert Ventura,
ex jefe de cocina del restaurante Neichel,
propone una carta respetuosa con los
productos y con los sabores pero sin
miedo de mezclarlos con ingredientes
y técnicas foráneas para conseguir el
equilibrio. El restaurante, aparte de la
carta, ofrece dos menús degustación de
cuatro y ocho platos en un ambiente
tranquilo y de mesas amplias.

restaurant roig robí

sèneca, 20   t. 932189222 / f. 934157842

▶ L 3, 5 (diagonal)
🚌 L 6, 7, 15, 22, 24, 28, 33, 34
www.roigrobi.com
roigrobi@roigrobi.com

Després de vint-i-cinc anys de treball diari, aquest restaurant ja és un clàssic a la ciutat. Dues xefs excel·lents: Mercè Navarro i Imma Crosas, mare i filla, posen un interès especial en la recerca dels millors productes de cada temporada i preparen diàriament receptes de caire familiar que interpreten amb criteris moderns. Tot en un ambient de bon gust, presidit per la sensibilitat i les bones maneres. Quan la calor s'apodera de Barcelona, l'encantadora terrassa-jardí, amb diverses taules protegides per para-sols, es converteix en un oasi en ple centre de la ciutat.

After twenty-five years of hard work, this restaurant is already a classic in the city. A mother-daughter team of superb chefs—Mercè Navarro and Imma Crosas—place special interest in finding the best products of the season every day and reimagining familiar recipes with a modern twist. All this takes place in a tasteful setting, where tenderness and good manners prevail. During the warm months of Barcelona, the charming garden patio is sprinkled with shaded tables and becomes an urban oasis.

Tras veinticinco años de trabajo diario, este restaurante ya es un clásico en la ciudad. Dos excelentes *chefs*: Mercè Navarro e Imma Crosas, madre e hija, ponen especial interés en la búsqueda de los mejores productos de cada temporada y preparan a diario recetas de corte familiar que interpretan con criterios modernos. Todo en un ambiente de buen gusto, presidido por la sensibilidad y las buenas maneras. Cuando el calor se apodera de Barcelona, su encantadora terraza-jardín, con varias mesas protegidas por parasoles, se convierte en un oasis en pleno centro de la ciudad.

nobodinoz

sèneca, 9   t. 933686335

▶   Ⓜ L 3, 5 (diagonal)
🚌 L 6, 7, 15, 22, 24, 28, 33, 34
www.nobodinoz.com
info@nobodinoz.com

En aquest espai multidisciplinar trobem des de roba i joguines per a nens *chic* i originals, fins a mobles infantils i llums de disseny contemporani. Nobodinoz és el primer *concept store* per a nens a Espanya. No es tracta d'una botiga infantil segons l'ús, sinó que Nobodinoz trenca amb els convencionalismes: mobles contemporanis de firmes per a nens, juntament amb creacions de joves dissenyadors i artistes, mobles *vintage*, roba molt *chic* i d'alta costura per a nens, adhesius, joguines diferents... tot seleccionat amb cura. A Nobodinoz tot és atrevit, divertit i modern: és tota una experiència per a grans i petits.

This multidisciplinary space offers clothes and toys for the hip, original kid, as well as children's furniture and lamps in ultra-contemporary designs. Nobodinoz is Spain's first concept store for children. This is not your typical utilitarian children's store, Nobodinoz breaks with conventionalism: contemporary designer-label children's furniture are arranged next to creations by young designers and artists, vintage furniture, chic and haute couture children's apparel, stickers and toys —all carefully selected. In Nobodinoz, everything is bold, fun and modern: truly an experience for the young and old.

En este espacio multidisciplinar se encuentran desde ropa y juguetes para niños «chic» y originales, hasta muebles infantiles y lámparas de rabioso diseño contemporáneo. Nobodinoz es el primer *concept store* para niños en España. No se trata de una tienda infantil al uso, sino que rompe con los convencionalismos: muebles contemporáneos de firmas para niños, junto a creaciones de jóvenes diseñadores y artistas, muebles *vintage*, ropa muy chic y de alta costura para niños, pegatinas, juguetes diferentes… todos ellos seleccionados cuidadosamente. En Nobodinoz todo es atrevido, divertido y moderno: es toda una experiencia para mayores y pequeños.

E12

sèneca, 8   m. 650691290

 L 3, 5 (diagonal)
L 6, 7, 15, 22, 24, 28, 33, 34
ox@equipooox.com

A Ox hi ha mobles retro, sobretot aquells de línies senzilles i disseny racionalista, funcional i ergonòmic, elaborats amb fustes càlides. A banda de comptar amb dissenys de firmes cèlebres com Bruno Mathisson i Piet Hein, aquesta botiga es caracteritza per oferir una selecció eclèctica, on noms menys coneguts ocupen un lloc privilegiat. Segons els seus propietaris, el criteri és simple: «mobles i objectes bonics», que restauren en el seu taller perquè el client se'ls endugui perfectes a casa.

Ox stocks retro furniture in warm woods, particularly those with simple lines and rationalist designs based on function and ergonomics. Besides the more noted designers such as Bruno Mathisson and Piet Hein, this store features an eclectic selection of lesser-known names. The proprietors say their criteria is simple: "beautiful furniture and objects," which are refurbished in their workshop for customers to take home and enjoy.

En Ox se encuentran muebles retro, sobre todo aquéllos de líneas sencillas y diseño racionalista, funcional y ergonómico, elaborados con cálidas maderas. Aparte de contar con diseños de firmas célebres como Bruno Mathisson y Piet Hein, esta tienda se caracteriza por ofrecer una selección ecléctica, donde nombres menos conocidos ocupan un lugar privilegiado. Según sus propietarios, el criterio es simple: «muebles y objetos bellos», que ellos restauran en su taller para que el cliente se los lleve perfectos a casa.

L'ESQUERRA DE L'EIXAMPLE

F1 restaurant yashima
F2 jean pierre bua
F3 bar velódromo
F4 speakeasy / dry martini
F5 restaurant boca grande
F6 restaurant tragaluz
F7 santa eulalia
F8 the avant
F9 taktika berri
F10 restaurant tanta
F11 la castafiore
F12 colmado quilez
F13 taller de norman vilalta
F14 restaurant monvínic
F15 illa de la discòrdia

l'esquerra de l'eixample

El segle XIX tot el poble de Barcelona clamava per l'enderrocament de les muralles. Feia molt temps que Ciutat Vella s'havia quedat petita, i la pròspera ciutat necessitava créixer. Finalment, el 1854, es van derrocar les muralles i la ciutat es va expansionar, en plena Revolució Industrial: Barcelona va construir el seu Eixample, de la mà d'Ildefons Cerdà. El nucli original de l'Esquerra de l'Eixample està format per la parròquia de Sant Josep Oriol, entre els carrers de la Diputació i d'Urgell, i l'edifici de la Universitat de Barcelona (UB). La creació de l'Hospital Clínic i la Facultat de Medicina el 1907, a més de la del Mercat del Ninot el 1935, van servir per potenciar la zona i per atreure promotors interessats a construir pisos, principalment destinats a la classe mitjana. Actualment és un barri molt dinàmic, que ofereix multitud de recursos i d'entreteniments. Entre d'altres, incorpora una oferta específica per al col·lectiu gay. Més ellà, la zona que va del carrer d'Urgell al carrer de Tarragona es va urbanitzar més tard. Destacaven en aquest entorn l'antiga fàbrica Batlló, que es va transformar el 1910 en Escola Industrial, i que va donar una empenta definitiva al barri, així com l'escorxador, inaugurat el 1883 i que va funcionar fins el 1979. Aquest espai està ocupat actualment per un parc, com ja va preveure en el seu moment Ildefons Cerdà.

In the 19th century, Barcelonans clamored for the city walls to be torn down. The old Ciutat Vella had long outgrown itself, and the city's prosperity called for expansion. Finally, in 1854, at the height of the Industrial Revolution, the walls were demolished and the city loosened its belt buckle: Barcelona build its Eixample, or *extension*, under the guidance of Ildefons Cerdà. The original core of the Eixample Esquerra is the Sant Josep Oriol parish church, located between Diputació and Urgell, and the University of Barcelona (UB) building. Hospital Clínic and a School of Medicine were created in 1907, along with Ninot market in 1935, in order to strengthen the area and attract promoters who would be interested in building apartments, particularly those for the middle class. Today's Eixample Esquerra is a dynamic neighborhood offering dozens of resources and entertainment options. Among others, it has a healthy offering of gay-friendly businesses. Further out, the area between Urgell and Tarragona streets was built up later than the core. The 1910 transformation of the old Batlló factory into the Industrial School gave the neighborhood the thrust it needed. An old slaughterhouse, opened in 1883, was another important construction in the area, which remained in business until 1979. Today, a park occupies the parcel, just as Ildefons Cerdà had anticipated.

En el siglo XIX todo el pueblo de Barcelona clamaba por el derribo de las murallas. Hacía mucho tiempo que Ciutat Vella se había quedado pequeña y la próspera ciudad necesitaba crecer. Finalmente, en 1854, fueron derribadas y la ciudad se expansionó, en plena Revolución Industrial: Barcelona construyó su Eixample, de la mano de Ildefons Cerdà. El núcleo original de la izquierda del Eixample está formado por la parroquia de Sant Josep Oriol, entre las calles Diputació y Urgell, y el edificio de la Universidad de Barcelona (UB). La creación del Hospital Clínic y de la Facultad de Medicina en 1907, además de la del mercado del Ninot en 1935, sirvieron para potenciar la zona y para atraer promotores interesados en construir pisos, principalmente destinados a la clase media. En la actualidad es un barrio muy dinámico, que ofrece multitud de recursos y entretenimientos. Entre otras, incorpora una oferta específica para el colectivo gay. Más allá, la zona que va de la calle Urgell a la calle Tarragona, se urbanizó más tarde. Destacaban en este entorno la antigua fábrica Batlló, que se transformó en la Escuela Industrial en 1910, y que dio un empuje definitivo al barrio, así como el matadero, inaugurado en 1883 y que se mantuvo en funcionamiento hasta 1979. Este espacio está ocupado en la actualidad por un parque, tal y como previó en su momento Ildefons Cerdà.

restaurant yashima

av. de josep tarradellas, 145   t. 934190697

▶   T1, 2, 3
      L 6, ,7, 15, 27, 32, 33, 34, 41, 59, 63, 67

Yoshi Yamashita va ser el primer a obrir a Barcelona un restaurant japonès, el 1977. Va iniciar la seva trajectòria amb el Yamadori, el més veterà del grup, però va ser el 1989 quan va decidir apostar pel Yashima, sens dubte un dels millors japonesos de la ciutat. No hi ha res com submergir-se en el seu ambient tradicional i distingit, per menjar assegut sobre el tatami d'una de les seves *koshitsu* o habitacions-menjador privades o gaudir del seu *tepanyaki*. Després de trenta anys de prestigi merescut, cal destacar-ne el servei excel·lent i la qualitat altíssima de la seva cuina, en la qual no es deixa a l'atzar ni el més mínim detall.

Yoshi Yamashita was the first to open a Japanese restaurant in Barcelona, back in 1977. His first endeavor was Yamadori, the oldest of the bunch, but it was in 1989 that he decided to open Yashima, now one of the best Japanese eateries in the city. There is nothing like immersing yourself in its traditional and distinguished atmosphere, eating atop the *tatami* in the privacy of one of the private *koshitsu* rooms or enjoying the *tepanyaki*. After thirty years of much-deserved prestige, the excellent service and high-quality cuisine are still notable, in which no detail is left to chance.

Yoshi Yamashita fue el primero en abrir en Barcelona un restaurante japonés, en 1977. Inició su andadura con el Yamadori, el más veterano del grupo, pero fue en 1989 cuando decidió apostar por el Yashima, sin duda uno de los mejores japoneses de la ciudad. No hay nada como sumergirse en su ambiente tradicional y distinguido, para comer sentado sobre el tatami de una de sus *koshitsu* o habitaciones-comedor privadas o disfrutar de su *tepanyaki*. Tras treinta años de merecido prestigio, cabe destacar de este restaurante su excelente servicio y la altísima calidad de su cocina, en la que no se deja al azar ni el más mínimo detalle.

jean pierre bua

F2

av. de la diagonal, 469   t. 934397100

▶   T1, 2, 3
L 6, 7, 14, 15, 27, 32, 33,
34, 59, 63, 67, 68,
www.jeanpierrebua.com
info@jeanpierrebua.com

altre / other / otro
jean pierre bua symbol, diagonal, 467
t. 934444962

S'hi troben les tendències d'avantguarda de les primeres marques. La botiga es divideix en dos espais: la planta de dalt és per a la roba d'home i la de baix per a la de dona. En la seva selecció exquisida inclou des dels texans més buscats fins a peces de mags com Dries Van Notin, Lanvin, Margiela, Alexander McQueen, Dior Homme, Dolce&Gabbana, John Galliano, Matthew Williamson o Stella McCartney, entre molts més. Van apostar per l'obertura d'una altra botiga que dedica un espai a les línies més informals i assequibles, sense anar en detriment de l'alta moda.

The top name brands in vanguard trends can be found here. The store is divided into two spaces: the upper floor for men's and the lower for women's styles. Among its exquisite selection are the most sought-after jeans and apparel from wizards like Dries Van Noten, Lanvin, Margiela, Alexander McQueen, Dior Homme, Dolce & Gabbana, John Galliano, Matthew Williamson and Stella McCartney. The recently opened sister store, is the designated place for their more informal and affordable, yet still high-fashion, lines.

Aquí se encuentran las tendencias de vanguardia de las primeras marcas. La tienda se divide en dos espacios: la planta de arriba es para la ropa de hombre y la de abajo para la de mujer. En su exquisita selección incluye desde los vaqueros más buscados hasta piezas de magos como Dries Van Noten, Lanvin, Margiela, Alexander McQueen, Dior Homme, Dolce & Gabbana, John Galliano, Matthew Williamson o Stella McCartney, entre muchos más. Apostaron por la apertura de otra tienda, dedicando un espacio a las líneas más informales y asequibles, sin ir en detrimento de la alta moda.

bar velódromo

muntaner, 213   t. 934306022

 L 5 (hospital clínic)
L 6, 7, 14, 15, 27, 32, 33, 34, 58, 64, 68
www.barvelodromo.com

El Velódromo el va fundar Manuel Pastor el 1933. Durant la Guerra Civil, s'hi reunien membres del govern de la República exiliats a Barcelona i el 1945 va sofrir la primera transformació i es va convertir en un cafè per a amants de tertúlies, polítics i intel·lectuals. A les dècades de 1960 i 1970 la *Gauche Divine*, un moviment de burgesos polítics i artistes d'esquerres, es va apoderar d'aquest lloc. El 2000, l'entrada en escena de l'empresa Moritz, propietària del saló, i la direcció a la cuina del ja consagrat xef Carles Abellán, han apostat per una cuina *non stop* que aconsegueix combinar en harmonia des de la brioixeria a les vint maneres diferents de preparar els ous.

The Velódromo was founded in 1933 by Manuel Pastor. During the Spanish Civil War, government officials who'd been exiled to Barcelona often held meetings here. In 1945 the site underwent its first transformation, becoming a café for politicians, intellectuals and lovers of lively gatherings. In the 1960s and 70s, the *Gauche Divine*, a leftist movement of bourgeois politicians and artists, took over this emblematic establishment. In 2000, the Moritz company, entered the scene as the hall's owner, along with acclaimed chef Carles Abellán, as head of cuisine. The non-stop kitchen's fare harmoniously combines from the morning's pastries to twenty different ways to prepare eggs.

El Velódromo fue fundado por Manuel Pastor en 1933. Durante la Guerra Civil, se reunían en él miembros del gobierno de la República exiliados en Barcelona y en 1945 sufrió su primera trasformación, para convertirse así en un café para amantes de tertulias, políticos e intelectuales. En las décadas de 1960 y 1970 la *Gauche Divine*, un movimiento de burgueses políticos y artistas de izquierdas, se apoderó de este emblemático lugar. En el 2000, la entrada en escena de la empresa Moritz, propietaria del salón, y la dirección en cocina del ya consagrado *chef* Carles Abellán, han apostado por una cocina *non stop* que consigue combinar en armonía desde la bollería a las veinte maneras distintas de preparar los huevos.

aribau, 162   t. 932175072; oficines t. 932058070

 <M> L 3, 5 (diagonal)
L 31, 54, 58, 64, 66, 67, 68
www.speakeasy-bcn.com

Com si fos un local clandestí, sense rètol ni cartell, el vell magatzem de la cocteleria Dry Martini amaga un dels secrets gastronòmics més ben guardats de Barcelona. En una atmosfera íntima, amb llum tènue i música de jazz, els qui aconsegueixen accedir al local camuflat són rebuts amb un còctel signat pel mestre Javier de las Muelas. A la carta es pot trobar des d'ous ferrats de pagès amb verduretes i foie gras fins a raviolis de cua de brau.

Like a secret club, this eatery—indeed one of the best-kept gastronomical secrets in Barcelona—hides without sign nor signal within the old warehouse of the Dry Martini cocktail bar. Low lights and jazz music create this intimate atmosphere, where those lucky enough to find this camouflaged nook are greeted with a signature cocktail from the master bartender, Javier de las Muelas. The menu includes a range of dishes from fried eggs with spring vegetables and foie gras to oxtail ravioli.

Como si de un local clandestino se tratase, sin rótulo ni cartel, el viejo almacén de la coctelería Dry Martini esconde uno de los secretos gastronómicos mejor guardados de Barcelona. En una atmósfera íntima, con luz tenue y música de *jazz*, quienes consiguen acceder al local camuflado, son recibidos con un cóctel firmado por el maestro Javier de las Muelas. En su carta se pueden encontrar desde huevos fritos de payés con verduritas y *foie gras* hasta *ravioli* de rabo de toro.

restaurant boca grande

passatge de la concepció, 12   t. 934675149

▶ Ⓜ L 3, 5 (diagonal)
🚌 L 6, 7, 16, 17, 20, 22, 24, 33, 34, 67, 68
www.bocagrande.cat

El restaurant Boca Grande és un imant de sofisticació a Barcelona. El bon servei se suma a la qualitat de la cuina, que alhora es construeix partint d'unes matèries primeres excel·lents: el peix i marisc més fresc de la ciutat. A més, una altra característica a tenir en compte és que disposa d'un celler de primera i té una de les millors cocteleries de Barcelona: Boca Chica. Com a guinda, al local es respira un ambient molt singular, obra de l'interiorista Lázaro Rosa Violán.

The Boca Grande restaurant attracts a sophisticated clientele in Barcelona. The outstanding service matches the quality of its cuisine, which is based on excellent produce, as Boca Grande prides itself on serving the freshest seafood in the city. The restaurant is also renowned for its fine wine list and for its cocktail bar, Boca Chica, one of the best in the city. An additional enticement is its unique interior, designed by Lázaro Rosa Violán.

El restaurante Boca Grande es un imán de sofisticación en Barcelona. Su buen servicio se suma a la calidad de la cocina, que a su vez se construye sobre una excelente materia prima, ya que Boca Grande cuenta con el pescado y el marisco más frescos de la ciudad. Además, entre sus puntos fuertes también está el poseer una bodega de altísimo nivel y una de las mejores coctelerías de Barcelona: Boca Chica. Como guinda, el local respira un ambiente muy singular de la mano del interiorista Lázaro Rosa Violán.

restaurant tragaluz

passatge de la concepció, 5   t. 934870196 i 934870621 / f. 934877083

▶ Ⓜ L 3, 5 (diagonal)
🚌 L 7, 16, 17, 20, 22, 24, 28, 31, 43, 44, 67, 68,
   www.grupotragaluz.com/tragaluz/

Lloc de trobada de personalitats, aquest restaurant, líder del Grup Tragaluz, s'ha convertit en un dels més carismàtics i dinàmics de la ciutat. És una finca de tres plantes de l'Eixample que va ser adaptada envidrant les teulades de les terrasses perquè formessin part dels menjadors i van fer les plantes mòbils. A la planta baixa hi ha un bar-cocteleria amb un ambient jove i desenfadat. L'oferta gastronòmica s'inspira en una carta mediterrània i alhora avantguardista. És un lloc amb molt d'encís, recomanat tant per dinar com per sopar.

A hotspot for celebrities, and leader of the Grupo Tragaluz family of restaurants, this has become one of the most charismatic and dynamic restaurants in the city. It is located in a three-story building in the Eixample that adapted glass-covered terraces and movable floors. The lower lever has a bar and cocktail lounge with a young, relaxed feel. The dishes are inspired fusions of the Mediterranean diet with vanguard tendencies. This is a charming place, great for both lunch and dinner.

Lugar de encuentro de personalidades, este restaurante, líder del Grupo Tragaluz, se ha convertido en uno de los más carismáticos y dinámicos de la ciudad. Es una finca de tres plantas del Eixample que fue adaptada acristalando los tejados de sus terrazas para que formasen parte de sus comedores y haciendo las plantas móviles. En la planta baja hay un bar-coctelería con un ambiente joven y desenfadado. La oferta gastronómica se inspira en una carta mediterránea y a la vez vanguardista. Es un lugar con mucho encanto, recomendado tanto para comer como para cenar.

santa eulalia

passeig de gràcia, 93   t. 932150674

▶   L 3, 5 (diagonal)
   🚌 L 6, 7, 15, 16, 20, 22, 24,
   28, 33, 34, 39, 45, 47
   www.santaeulalia.com
   se@santaeulalia.com

A Espanya hi ha poques cases que hagin llançat la seva pròpia col·lecció d'alta costura. Avui, complerts ja els 150 anys d'història, continua fent de l'exquisidesa un senyal d'identitat, tot i que ara de la mà d'altres firmes com Lanvin, Stella McCartney, Marc Jacobs, Balenciaga, Versace o Narciso Rodríguez, entre d'altres. A la planta baixa està la moda per a home i a la primera hi ha un univers de delícies per a la dona que gaudeix amb un tracte distingit i amb la moda, i s'hi troba des d'alta costura fins als *must* en complements de temporada.

There are few houses in Spain that have launched their own haute couture collection. Today, with 150 years of history, Santa Eulalia still makes a fashion statement out of the exquisite, although they now leave it in the hands of other labels such as Lanvin, Balenciaga, Stella McCartney, Marc Jacobs, Versace or Narciso Rodríguez. The lower level has men's fashions while the upper level houses a world of delights for women who enjoy distinguished customer service while shopping for the latest fashions. The discerning women will find haute couture and all the season's must-have accessories.

Pocas casas hay en España que hayan lanzado su propia colección de alta costura. Hoy, cumplidos ya los 150 años de historia, sigue haciendo de la exquisitez una seña de identidad, aunque ahora de la mano de otras firmas como; Lanvin, Stella McCartney, Marc Jacobs, Balenciaga, Versace o Narciso Rodríguez, entre otros. En la planta baja está la moda para caballero y en la primera se encuentra un universo de delicias para la mujer que disfruta con un trato distinguido y con la moda, encontrando desde alta costura hasta los *must* en complementos de temporada.

the avant

F8

enric granados, 106   t. 933007673

▶   L 3, 5 (diagonal)
🚌 L 6, 7, 16, 17, 27, 32, 33, 34, 58, 64, 67, 68
www.theavant.com
info@theavant.com

Amb la marca The Avant, Silvia García-Presas dissenya col·leccions de roba femenina des del 2004.
El 2009 va obrir una botiga/estudi amb el mateix nom, consistent en un espai diàfan i relaxat que transmet l'ambient de les cases de camp mediterrànies. Diu que primer es va imaginar l'espai i els colors, les superfícies i l'atmosfera, i que després va deixar que fossin la sort i l'atzar els que acabessin de definir-lo. El resultat és un lloc serè i elegant, com les peces que dissenya.
L'oferta es completa amb exquisits objectes i accessoris artesanals —joies, bufandes, catifes o peces de ceràmica— que Silvia troba en els seus múltiples viatges. Sens dubte, el millor complement a les seves col·leccions.

Under the label The Avant, Silvia Garcia-Presas designs women's wear collections since 2004.
In 2009 she opened the homonymous shop/studio. The store area is laid and gives off the vibe of a Mediterranean country house. She says that she first imagined the space and its colors, surfaces and atmosphere, and then let serendipity lead her to the premises themselves. The result is a certain relaxed elegance, like the garments she designs. Add to this, the hand-crafted objects and accessories which she brings back to Barcelona from her travels: jewelry and scarves, rugs and ceramics, all of which punctuate perfectly the garment collections.

Con la marca The Avant, Silvia García-Presas diseña colecciones de ropa femenina desde 2004.

En 2009 abrió su homónima tienda / estudio, un espacio diáfano y relajado que transmite el ambiente de las casas de campo mediterráneas. Dice que primero imaginó el espacio y sus colores, las superficies y la atmósfera y, luego, dejó que la suerte y el azar acabasen de definirlo. El resultado es de serena elegancia, como las prendas que diseña.

La oferta se completa con exquisitos objetos y accesorios artesanales —joyas, bufandas, alfombras o cerámica— que Silvia va encontrando en sus múltiples viajes. Sin duda, el mejor complemento a sus colecciones.

la castafiore

aribau, 58 t. 933234108

▶ Ⓜ L 1, 2 (universitat), 3 (passeig de gràcia)
🚌 L 20, 43, 44, 54, 58,
63, 64, 66, 67, 68

Després de vint-i-dos anys de vida, La Castafiore s'ha convertit en una de les millors botigues *gourmet* de la ciutat. Ofereixen diferents tipus de productes procedents de diversos punts del planeta, però especialment d'Itàlia. A la part esquerra del local hi ha els productes frescos, les pastes casolanes amb tot tipus de farciment, els *antipasti* a punt de menjar, els ibèrics o els productes lactis, amb una oferta àmplia de formatges. A la dreta, les prestatgeries estan repletes de exquisideses d'aquí i d'allà que es fan irresistibles, tapenades, olis, pans i moltes *delicatessen*.

After twenty-two years of existence, La Castafiore has become one of the finest gourmet stores in the city. The shop supplies a variety of products from all over the world, with a special emphasis on Italy. One side of the locale stocks the refrigerated products, homemade pasta with all kinds of fillings, ready-to-eat antipasti, the finest Iberian cured meats and dairy products, including a wide variety of cheeses. The other side is lined with shelves packed with delectable foodstuffs from all over, including tapenades, oil, bread and delicatessen items.

Tras veintidós años de vida, La Castafiore
se ha convertido en una de las mejores
tiendas *gourmet* de la ciudad. Ofrecen
diferentes tipos de productos procedentes
de varios puntos del planeta, pero en
especial de Italia. En la parte izquierda
del local se encuentran los productos
frescos, las pastas caseras con todo tipo
de relleno, los *antipasti* listos para comer,
los ibéricos o los productos lácteos,
con una amplia oferta de quesos. A la
derecha, las estanterías están repletas de
exquisiteces de aquí y de allí que se hacen
irresistibles, tapenades, aceites, panes y
muchos *delicatessen*.

colmado quilez

rambla de catalunya, 63   t. 932152356 / f. 932158785

▶ Ⓜ L 2, 3, 4 (passeig de gràcia)
🚌 L 7, 16, 17, 20, 22, 24,
   28, 43, 44, 63, 67, 68
   www.lafuente.es
   quilez@lafuente.es

altre / other / otro
aragó, 241-243   t. 932150221

Es tracta d'una de les adrogueries amb més renom de la ciutat. Situada a la rambla de Catalunya des de 1908, és una cita obligada per a tot bon *gourmet*. Tenen més de 5.000 referències de vins, espumosos, licors i destil·lats, nacionals i internacionals, sense oblidar el foie gras, el caviar iranià i una varietat de conserves molt àmplia, entre moltes altres delícies. El local manté els aires del passat amb les prestatgeries repletes de productes minuciosament ordenats i un servei dels que ja no abunden. Acaben d'obrir a una botiga de vins i destil·lats.

This is one of the most renowned grocer's in the city. Located on Rambla de Catalunya since 1908, it is an essential stop on any gourmet's itinerary. The shop stocks more than 5,000 listings of national and international sparkling and still wines, liqueurs and distilled alcohols, not to mention foie gras, Iranian caviar and a huge variety of tinned food, among other delicacies. The locale maintains the feeling of times past—its shelves stocked with meticulously arranged products, and customer service you don't find many places. Check out the new wine and liquor store.

Se trata de uno de los colmados con más renombre de la ciudad. Ubicado en Rambla de Catalunya desde 1908 es una cita obligada para todo buen *gourmet*. Dispone de más de 5.000 referencias de vinos, espumosos, licores y destilados, nacionales e internacionales, sin olvidar el *foie gras*, el caviar iraní y una amplísima variedad de conservas, entre muchas otras delicias. El local mantiene los aires del pasado con sus estanterías repletas de productos minuciosamente ordenados y un servicio de los que ya no abundan. Acaban de abrir una tienda de vinos y destilados.

taller de norman vilalta

enric granados, 5   m. 645655624

▶   Ⓜ L 1, 2 (universitat)
🚌 L 9, 14, 16, 17, 50, 54, 56, 58, 59, 63, 64, 66, 67, 68
info@normanvilalta.com

Exercia l'advocacia a Buenos Aires, però Norman Vilalta va decidir d'abandonar-ho tot i apostar per la seva passió, l'ofici de sabater artesanal. El seu és un dels pocs tallers que existeixen en el món en el qual tot el procés és artesanal, com si fos un objecte exclusiu i luxós. Cada parell de sabates que crea és únic i irrepetible: pot trigar fins a mig any a confeccionar-ne un. Cal demanar cita prèvia i la raó és evitar la interrupció del complicat procés artesanal d'aquest mag de les sabates.

After working as a lawyer in Buenos Aires, Vilalta left everything to follow his passion: handcrafted shoes. Today his workshop is one of the few shoemakers in existence where the entire process is done by hand, in the most exclusive and luxurious tradition. Each pair of shoes Vilalta creates is one-of-a-kind and unrepeatable: it can take up to half a year to create a single pair. Appointments are required to avoid interrupting the complex process of this master shoemaker.

Tras ejercer la abogacía en Buenos Aires, Norman Vilalta decidió abandonarlo todo y apostar por su pasión: el oficio de zapatero artesanal. En uno de los pocos talleres que existen en el mundo en el que todo el proceso es artesanal, como si de un exclusivo y lujoso objeto se tratara. Cada par de zapatos que crea es único e irrepetible: puede tardar hasta medio año en confeccionar uno. Hay que pedir cita previa y la razón es el evitar la interrupción del complicado proceso artesanal de este mago de los zapatos.

restaurant monvínic

diputació, 249   t. 932726187

▶   L 1 (universitat), 2, 3, 4 (passeig de gràcia)
🚌 L 16, 17, 22, 24 50, 54, 58
www.monvinic.com
info@monvinic.com

Monvínic neix amb l'objectiu de ser una referència internacional com a centre divulgador de la cultura del vi. Un espai pioner, creat per Sergi Ferrer-Salat, on conflueixen un centre de documentació, un bar de vins, un espai culinari, una aula per a tasts, conferències i presentacions, i un celler extraordinari que és l'eix vertebrador i la raó de ser d'aquest local. Monvínic (finalista del prestigiós Premi FAD d'Interiorisme 2009) és un espai ideat per Alfons Tost, que es caracteritza per un marcat disseny contemporani i funcional, on cada element ha estat cuidat fins al més mínim detall perquè el vi, i tot el cosmos que l'envolta, en sigui el veritable protagonista.

Monvínic has succeeded in its aim of becoming an international flagship in the promotion of the culture of wine. A pioneering venue, created by Sergi Ferrer-Salat, it has a reference library, a wine bar, a culinary space, a room for holding winetastings, talks and presentations, as well as a remarkable wine cellar, its central feature and its raison d'être. Monvinic (shortlisted for the prestigious FAD Prize for Interior Design in 2009) was designed by Alfons Tost and has an impressive, functional contemporary décor in which attention has been paid to every last detail to ensure that wine, and everything that surrounds it, takes center stage.

Monvínic nace con el objetivo de ser una referencia internacional como centro divulgador de la cultura del vino. Un espacio pionero, creado por Sergi Ferrer-Salat, donde confluyen un centro de documentación, un bar de vinos, un espacio culinario, un aula para catas, conferencias y presentaciones, y una extraordinaria bodega que es el eje vertebrador y su razón de ser. Monvínic (finalista del prestigioso Premio FAD de Interiorismo 2009) es un espacio ideado por Alfons Tost de rotundo y funcional diseño contemporáneo, en el que cada elemento ha sido cuidado hasta el más mínimo detalle para que el vino, y todo el cosmos que le rodea, sea el verdadero protagonista.

illa de la discòrdia

casa lleó morera (a)

lluís domènech i montaner

(1902-1906)

casa amatller (b)

josep puig i cadafalch

(1898-1900)

casa batlló (c)

antoni gaudí i cornet

(1904-1906)

▶ L 2, 3, 4 (passeig de gràcia)
🚌 L 7, 16, 17, 20, 22, 24,
28, 39, 43, 44, 45

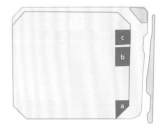

Les cases Batlló, Amatller i Lleó Morera componen l'illa de la discòrdia, «illa» de l'Eixample. La casa Batlló (1904-1906) sedueix pel disseny extern, l'ús creatiu dels materials, el color, i va ser declarada Patrimoni de la Humanitat per la UNESCO el 2005. La segona casa va ser la primera a aixecar-se entre 1898 i 1900. Josep Puig i Cadafalch va crear una preciosa mostra de construcció modernista amb inspiració gòtica catalana i elements de la tradició medieval dels Països Baixos. La tercera és de Lluís Domènech i Montaner. Construïda entre 1902 i 1906, el seu arquitecte es va orientar cap al racionalisme i l'ordre espacial.

The houses of Batlló, Amatller and Lleó Morera make up the so-called Block of Discord in the Eixample. Casa Batlló (1904-1906) is seductive with its exterior design, creative use of materials and its color, and was declared a World Heritage site by UNESCO in 2005. The second house, Amatller, was the first of the three to be built, between 1898 and 1900. Josep Puig i Cadalfalch created a beautiful example of Modernist construction with Catalan gothic influence and elements of the Dutch medieval tradition. The third, Lleó Morera, is a work by Lluís Domènech i Montaner. Built between 1902 and 1906, Lleó Morera's architecture orients toward rationalism and spatial order.

Las casas Batlló, Amatller y Lleó Morera componen la manzana de la discordia, «illa» del Eixample. La casa Batlló (1904-1906) seduce por su diseño externo, el uso creativo de los materiales, el color, así fue declarada Patrimonio de la Humanidad por la UNESCO en 2005. La segunda casa fue la primera en levantarse entre 1898 y 1900. Josep Puig i Cadafalch creó una preciosa muestra de construcción modernista con inspiración gótica catalana y elementos de la tradición medieval de los Países Bajos. La tercera es de Lluís Domènech i Montaner. Construida entre 1902 y 1906, su arquitecto se orientó hacia el racionalismo y el orden espacial.

a.

b.

c.

LA DRETA DE L'EIXAMPLE

G1   bar mut / mutis
G2   the outpost
G3   roca moo / hotel omm
G4   vinçon
G5   jaime beriestain
G6   casa milà
G7   noténom / odd
G8   colmado múrria
G9   luthier
G10   ravell
G11   restaurant valentín
G12   tapaç,24
G13   laie
G14   restaurant dos cielos

la dreta de l'eixample:
el barri de la burgesia

Un cop enderrocades les muralles, la burgesia barcelonina va
sortir, vers el 1900, de Ciutat Vella per traslladar-se a un nou
espai, més ample i amb més possibilitats: va convertir la
nova zona de la dreta de l'Eixample en el laboratori d'un
nou estil arquitectònic: l'Art Nouveau català, el Modernisme.
És aquí on es troben els edificis més emblemàtics d'aquest
estil: les cases Milà, Batlló i Amatller en són els exemples més
destacats, entre d'altres. Juntament amb la residència,
l'activitat terciària va trobar seu en aquesta zona i, amb el
temps, comerç, cinemes, bars, oficines, etc. van fer de les
rodalies del passeig de Gràcia la seva àrea d'implantació.
Aquesta via, que era la tradicional carretera que unia
Barcelona amb el municipi de Gràcia, es va convertir amb el
temps en l'eix més elegant i benestant de la ciutat. Encara
l'és actualment. La plaça de Catalunya, que no hi era en els
plans d'Ildefons Cerdà, es va configurar finalment com a
frontissa entre Ciutat Vella i la nova Barcelona i, també,
com a centre neuràlgic de la ciutat.

Once the old city walls came down, the bourgeois began to leave Ciutat Vella around 1900 and make their homes in a new, larger space with many more possibilities. The right half of the Eixample, the Eixample Dret, became a laboratory for a new architectural style of Catalan art nouveau, known as Modernism. It is in this neighborhood where you will find the most iconic buildings of Modernism: Casa Milà, Casa Batlló and Casa Amatller are the most prominent examples, though there are many others. Like its new occupants, educational institutions also found their place in this area, and soon shops, cinemas, bars, offices and the like made the area surrounding Passeig de Gràcia their home. This avenue, which was the traditional road that bridged Barcelona and the town of Gràcia, later became the most elegant and well-to-do street in the city—it is still is today. The Plaça de Catalunya, not in Cerdà's original plans, finally took shape as the junction between Ciutat Vella and the new Barcelona, and the nerve central of the city.

Una vez derribadas las murallas, la burguesía barcelonesa salió, hacia 1900, de Ciutat Vella para trasladarse a un nuevo espacio, más amplio y con más posibilidades: convirtió esta área de la derecha del Eixample en el laboratorio de un nuevo estilo arquitectónico: el Art Nouveau catalán, el Modernismo. Es aquí donde se encuentran los edificios más emblemáticos de este estilo: las casas Milà, Batlló y Amatller son los ejemplos más destacados, entre otros. Al igual que la residencia, la actividad terciaria encontró su espacio en esta zona y, con el tiempo, comercios, cines, bares, oficinas y muchos otros hicieron de los alrededores del paseo de Gràcia su área de implantación. Esta vía, que era la tradicional carretera que unía Barcelona con el municipio de Gràcia, se convirtió con el tiempo en el eje más elegante y acomodado de la ciudad. Todavía lo es en la actualidad. La plaza de Catalunya, que no entraba dentro de los planes de Ildefons Cerdà, se configuró finalmente como bisagra entre Ciutat Vella y la nueva Barcelona, para, al final, ser el centro neurálgico de la ciudad.

bar mut / mutis

pau claris, 192   t. 932174338

▶   Ⓜ L 3, 5 (diagonal)
🚌 L 6, 15, 20, 22, 24, 28, 33, 34, 39, 45, 47
mut@barmut.com

Aquest local en ple centre, gràcies a la decoració, aconsegueix semblar un dels autèntics i ja gairebé desapareguts bars de tapes, canyes i vi, tot i que amb un toc de sofisticació gens comú en el gènere. Amb molta llum natural i en un ambient càlid, tenen més de dues-centes referències de vins. Per als aperitius utilitzen matèries primeres d'una qualitat molt alta: des de tapes de marisc exquisit als millors embotits. Els plats de la carta canvien segons la temporada. Per la seva localització i popularitat està gairebé sempre ple d'un públic cosmopolita.

This centrally located bar makes a successful attempt at looking like one of those authentic tapas, beer and wine bars that have nearly gone extinct, although it has a touch of sophistication uncommon for its kind. Lots of natural light and a friendly atmosphere make this a great place to taste their more than 200 wines. All appetizers are made with high-quality ingredients: from exquisite shellfish tapas to the most melt-in-your-mouth cured meats. Dishes on the menu change according to season. Because of its great location and popularity, Bar Mut is almost always packed with a cosmopolitan crowd.

Este local en pleno centro consigue,
gracias a su decoración, parecer uno de los
auténticos y ya casi desaparecidos bares de
tapeo, cañas y vino, aunque con un toque
de sofisticación nada común en el género.
Con mucha luz natural y en un ambiente
cálido, cuentan con más de doscientas
referencias de vinos. Para los aperitivos
utilizan una materia prima de altísima
calidad: desde tapas de exquisito marisco
a los mejores embutidos. Los platos de la
carta cambian según la temporada. Por su
localización y su popularidad está casi
siempre lleno de un público cosmopolita.

the outpost

rosselló, 281 bis   t. 934577137

Ⓜ L 3, 5 (diagonal)
🚌 L 6, 39, 33, 34, 100, 101
www.theoutpostbcn.com
shop@theoutpostbcn.com

The Outpost és una botiga especialitzada en calçat i complements d'alta gamma per a home, amb productes exclusius que costen molt de trobar en altres botigues de la Ciutat Comtal. Com el seu nom indica, es tracta d'una «avançada» en el sector dels complements masculins, i alhora estableix una frontera entre l'estil clàssic i el contemporani. La seva situació privilegiada, prop de l'extrem superior del passeig de Gràcia, reforça aquesta condició fronterera.

The Outpost is a specialist store for exclusive, top-of-the-range men's footwear and accessories that are difficult to find elsewhere in Barcelona. As its name indicates, it is ahead of the crowd and straddles the boundary between the classic and the contemporary. Its privileged location, near the top end of Passeig de Gràcia, reflects its status in the male accessories market in the city.

The Outpost es una tienda especializada en calzado y complementos para hombre de alta gama, con productos exclusivos que son muy difícles de encontrar en otras tiendas de la ciudad condal. Como su propio nombre indica, se trata de una «avanzadilla» en el sector de los complementos masculinos, a la vez que marca una frontera entre lo clásico y lo contemporáneo. Su privilegiada situación, cerca del extremo superior del Passeig de Gràcia, no hace más que reforzar esta condición fronteriza.

roca moo / hotel omm

rosselló, 265   f. 934454000

▶ Ⓜ L 3, 5 (diagonal)
🚌 L 6, 7, 15, 16, 20, 22, 24,
28, 33, 34, 39, 45, 47
www.hotelomm.es
rocamoo@hotelomm.es

Roca Moo, el restaurant de les delícies. Dirigit pel xef Juan Pretel i assessorat pels germans Roca (Celler de Can Roca), el restaurant Roca Moo, amb una estrella Michelin, proposa una oferta culinària pensada com un joc gastronòmic entre receptes exquisides i vins d'autor minuciosament seleccionats. Roca Bar ofereix una carta de *street food* personalitzada, en la qual destaquen els suggeriments per picar i les tapes, aportació dels germans Roca.

Roca Moo, the restaurant of culinary delights, is directed by chef Juan Pretel with advice from the Roca brothers of Celler de Can Roca fame. It has been awarded one Michelin star and serves gourmet cuisine prepared to exquisite recipes and enhanced by carefully selected signature wines. The Roca Bar offers a personalized menu of street food featuring nibbles and tapas recommended by the Roca brothers.

Roca Moo, el restaurante de las delicias. Dirigido por el chef Juan Pretel y asesorado por los hermanos Roca (Celler de Can Roca) el restaurante Roca Moo, con una estrella Michelin propone una oferta culinaria pensada como un juego gastronómico entre recetas exquisitas y vinos de autor minuciosamente seleccionados. Roca Bar, ofrece una carta de street food personalizada en la que destacan las sugerencias para picar y las tapas, aportación de los hermanos Roca.

vinçon

G4

passeig de gràcia, 96   t. 932156050 / f. 932155037

▶ L 3, 5 (diagonal)
🚌 L 6, 7, 15, 16, 20, 22, 24, 28, 33, 34, 39, 45, 47

El 1957, la família Amat va adquirir l'empresa i, després de diverses apostes arriscades, ha aconseguit que amb el temps s'hagi convertit en un dels establiments més representatius i singulars de la ciutat. És una empresa de renom que es dedica a la venda de productes de disseny contemporani per a la llar. Ocupa els baixos d'una de les illes més espectaculars de l'Eixample. L'edifici, projectat el 1899, ha estat catalogat com a part del patrimoni arquitectònic de la ciutat. La seva bandera és el disseny i els seus aparadors s'han convertit en un senyal d'identitat de la casa.

In 1957, the Amat family acquired the company and, after several risky ventures, have managed to turn it into one of the most representative and singular establishments in the city. It is a prestigious company that sells contemporary design products for the home. It is located on the ground floor of one of the most spectacular city blocks of the Eixample district. The building, designed in 1899, has been catalogued as part of the architectural heritage of the city. Its hallmark is design and its shop windows have become the company signature.

En 1957, la familia Amat adquirió la empresa y, tras varias arriesgadas apuestas, ha conseguido que con el tiempo se haya convertido en uno de los establecimientos más representativos y singulares de la ciudad. Es una empresa de renombre que se dedica a la venta de productos de diseño contemporáneo para el hogar. Ocupa los bajos de una de las manzanas más espectaculares del Eixample. El edificio, proyectado en 1899, ha sido catalogado como parte del patrimonio arquitectónico de la ciudad. Su bandera es el diseño y sus escaparates se han convertido en una seña de identidad de la casa.

jaime beriestain

pau claris, 167   t. 935150779

▶   Ⓜ L 3, 5 (diagonal)
🚌 L 7, 16, 17, 20, 22, 24, 39, 40, 45, 51
www.beriestain.com

Situat al mig de l'Eixample de Barcelona, el *concept store* i cafè Jaime Beriestain és un espai on el prestigiós interiorista xilè ha seleccionat personalment tots i cadascun dels articles i objectes que l'integren: mobles vintage restaurats, flors naturals, espelmes, llibres internacionals, fragàncies, catifes de creació pròpia, una selecció de la seva col·lecció d'art personal i el cafè restaurant, fruit de la seva passió per la gastronomia.

In the heart of Barcelona's Eixample district is the Jaime Beriestain concept store and café, where this celebrated Chilean interior designer has personally selected each item of furniture and every object, including restored vintage furnishings, fresh flowers, candles, international books, fragrances, rugs he himself has designed, a selection of works from his personal art collection, and the café-cum-restaurant, the result of his passion for fine food.

Ubicado en pleno ensanche de Barcelona, el concept store y café Jaime Beriestain es un espacio donde el reconocido interiorista chileno ha seleccionado personalmente todos y cada uno de los muebles y objetos que lo componen, muebles vintage restaurados, flores naturales, velas, libros internacionales, fragancias, alfombras de creación propia, una selección de su colección personal de arte y el café-restaurante, fruto de su pasión por la gastronomía.

casa milà

antoni gaudí i cornet

1912

Més coneguda com La Pedrera, s'ha convertit en un dels màxims exponents de l'obra de Gaudí. És un edifici d'habitatges amb tres façanes que s'integren en una de sola gràcies a l'onatge que formen els volums corbs i les baranes de les múltiples balconades. Quan va finalitzar-ne la construcció, el 1912, els barcelonins la van batejar com «La Pedrera», denominació despectiva, reflex de la incomprensió i de les burles populars. A la quarta planta es pot visitar «el pis de la Pedrera», en el qual es recrea un habitatge d'una família burgesa de l'època.

Better known as La Pedrera, this building has become one of the finest examples of Gaudi's work. It is an apartment building with three façades which become one thanks to the waves created by the voluminous curves and railings of the various balconies. When construction was completed in 1912, the people of Barcelona christened it with the name "La Pedrera" (quarry), a derogatory classification which reflected misunderstanding and widespread ridicule. On the fourth floor, you can tour the "the Pedrera apartment," which recreates a home of an upper-middle class family of that period.

Más conocida como La Pedrera, se ha convertido en uno de los máximos exponentes de la obra de Gaudí. Es un edificio de viviendas con tres fachadas que se integran en una sola gracias al oleaje que forman los volúmenes curvos y las barandillas de los múltiples balcones. Cuando se finalizó su construcción, en 1912, los barceloneses la bautizaron como «La Pedrera» (cantera), denominación despectiva, reflejo de la incomprensión y de las burlas populares. En la cuarta planta es posible visitar «el pis de la Pedrera», en el que se recrea una vivienda de una familia burguesa de la época.

noténom / odd

pau claris, 159   t. 934876084

▶   ⓜ L 3, 5 (diagonal)
🚌 L 7, 16, 17, 20, 22, 24,
28, 39, 43, 44, 45
www.notenom.com

altres / others / otros
rec, 48   t. 933191853

Situada en ple Eixample, aquesta botiga acull entre les seves quatre parets, sempre transmetent un *life-style* modern i entusiasta, una selecció de marques exquisides per a home i dona, així com complements i perfums. Aquesta boutique de sostre cassetonat provoca addicció i s'ha convertit en un referent del bon gust entre els defensors dels bons costums pel que fa a la roba, a més d'un indicador de futures tendències. L'assessorament i l'atenció d'Ester, sòcia de l'establiment, i la seva plantilla són exquisits. Fa poc van obrir a la vorera de davant un local dedicat només al calçat ODD (Mallorca, 279).

Located in the heart of the Eixample district, this shop which always reflects a modern and exciting lifestyle, boasts an exquisite selection of name brands for men and women, as well as complements and perfumes. This boutique with coffered ceilings can be cause for addiction and has become a reference for good taste among fashion label enthusiasts, as well as an indicator of future trends. The advice and attention offered by Ester, one of the establishment's partners, and her staff are exquisite. They recently opened a store dedicated exclusively to footwear just across the street ODD (in Mallorca, 279).

Ubicada en pleno Eixample, esta tienda acoge entre sus cuatro paredes, siempre transmitiendo un *life-style* moderno y entusiasta, una exquisita selección de marcas para hombre y mujer, así como complementos y perfumes. Esta boutique de techos artesonados provoca adicción y se ha convertido en un referente del buen gusto entre los defensores de las buenas costumbres en lo que a moda se refiere, además de un indicador de futuras tendencias. El asesoramiento y atención de Ester, socia del establecimiento, y su plantilla son exquisitos. Hace poco abrieron en el chaflán de enfrente ODD (Mallorca, 279), un local dedicado sólo a calzado.

colmado múrria

roger de llúria, 85   t. 932155789 / f. 934883355

▶   L 2, 3, 4 (passeig de gràcia)
🚌 L 20, 22, 24, 28, 39, 43, 44, 45, 47

Aquest establiment modernista de l'any 1898, és una de les fites de *delicatessen* de la ciutat. Aquesta adrogueria és Membre del Turisme de Barcelona i de la Ruta Modernista establerta per l'Ajuntament. Joan Múrria i el seu equip l'han consagrat com a subministrador per a sibarites, gràcies al tracte personalitzat exquisit i a la varietat de productes selectes d'alta gastronomia. Han rebut diversos premis de prestigi i formen part d'associacions importants per l'oferta de formatges afinats, nacionals i europeus, i també pel seu celler.

This Modernist establishment from 1898, is one of the city's meccas of delicatessen products. This grocery store is a member of the Barcelona Tourism Board and of the Modernist Route established by the City Hall. Joan Múrria and his team have made this into an acclaimed purveyor for epicures, thanks to its exquisite personalized attention and variety of select high-end products. They have received many prestigious awards and belong to major associations thanks to their selection of refined national and European cheeses, as well as for its wine cellar.

Este establecimiento modernista del año 1898 es una de las mecas *delicatessen* de la ciudad. Este colmado es Miembro del Turismo de Barcelona y de la Ruta Modernista establecida por el Ayuntamiento. Joan Múrria y su equipo lo han consagrado como suministrador para sibaritas, gracias a su exquisito trato personalizado y a la variedad de productos selectos de alta gastronomía. Han recibido varios premios de prestigio y forman parte de importantes asociaciones debido a la oferta en quesos afinados, nacionales y europeos, y también por su bodega.

luthier

girona, 124   t. 934594242 / f. 934584396

▶ L 4, 5 (verdaguer)
🚌 L 6, 15, 20, 33, 43, 44, 45, 47
www.luthiervidal.com
luthiervidal@teleline.es

Avalats per més de vint anys d'experiència com a lutiers i amb botiga pròpia des de 1986, estan especialitzats en la venda d'instruments d'arc, accessoris i restauració de violins, violes i violoncels. Per la seva condició d'importadors estan al corrent de totes les novetats del mercat i ofereixen la gamma més àmplia d'instruments i accessoris per a violí, viola i violoncel, tant nacionals com internacionals. El seu equip està format per tres lutiers membres de l'Associació Espanyola de Mestres Lutiers.

With more than twenty years of experience in instrument making, and with a shop of their own since 1986, Luthier specializes in the sale of bow instruments, accessories and the restoration of violins, violas and cellos. Thanks to their status as importers, they remain current on all of the novelties of the market and, therefore, offer the widest range of national and international string instruments and accessories. Their team is composed of three luthiers, members of the Spanish Association of Master Luthiers.

Avalados por más de veinte años de experiencia como lutiers y contando con tienda propia desde 1986, están especializados en la venta de instrumentos de arco, accesorios y restauración de violines, violas y violoncelos. Por su condición de importadores están al corriente de todas las novedades del mercado y, así, ofrecen la más amplia gama de instrumentos y accesorios para violín, viola y violonchelo, tanto nacionales como internacionales. Su equipo está formado por tres lutiers miembros de la Asociación Española de Maestros Lutiers.

ravell

aragó, 313   t. 934575114 / f. 934593956

▶ Ⓜ L 4 (girona)
🚌 L 6, 19, 43, 44, 47, 50, 51, 55
www.ravell.com
direccio@ravell.com

Aquest establiment va ser creat el 1929 per Ignasi Ravell. Amb modificacions al llarg dels anys i l'ampliació de la seva oferta, s'ha convertit en una de les millors botiga-celler-xarcuteria on, a més, es poden degustar totes les *delicatessen,* ja sigui a la barra o al restaurant, en el qual s'elaboren receptes de primera amb unes matèries primeres excel·lents. El restaurant sol estar ple de gom a gom, especialment en l'època de la tòfona blanca o dels bolets.

This establishment was created in 1929 by Ignasi Ravell. Modifications throughout the year and an expanded menu have made this one of the best shop/wine cellar/charcuteries around. Delicatessen products can also be sampled in the bar or restaurant, where top-notch recipes with excellent base ingredients are prepared and served. The restaurant tends to get busy, especially in the white truffle and mushroom season.

Este establecimiento fue creado en 1929 por Ignasi Ravell. Con modificaciones a lo largo de los años y la ampliación de su oferta, se ha convertido en una de las mejores tienda-bodega-charcutería donde además se pueden degustar todos sus *delicatessen* sea en la barra o en el restaurante, en el que se elaboran recetas de primera con unas materias primas excelentes. Su restaurante suele estar abarrotado especialmente en la época de la trufa blanca o de las setas.

restaurant valentín

G11

diputació, 301   t. 934872372

 <M> L 2, 3, 4 (passeig de gràcia)
🚌 L 7, 16, 17, 22, 24, 28, 39,
45, 47, 50, 54, 56

És curiós que sigui tan poc conegut, perquè la seva singularitat i qualitat mereixen molt més. Unes quantes tauletes petites precedeixen una cuina a la vista en la qual tot té un aspecte fantàstic. L'oferta culinària és diversa, curiosa i molt creativa. El restaurant té un racó dedicat a l'alta xarcuteria, de la qual hom pot gaudir durant l'àpat, a més d'oferir una carta que és una barreja perfecta entre cuina mediterrània, de mercat i francesa. És el restaurant perfecte per als amants de l'exclusiu i dels llocs de minories.

It is odd that this establishment remains so unknown, because its singularity and quality deserve much more. A few small tables are set up in the area in front of an open kitchen where you can get first-hand views of the enticing food. The menu is diverse, interesting and inventive. The restaurant boasts a nook featuring gourmet delicatessen items, which may be enjoyed during banquets, in addition to a menu which is a perfect combination of Mediterranean, market and French cuisine. It is the ideal restaurant for lovers of the exclusive and enthusiasts of quiet little venues.

Es curioso que sea tan poco conocido, porque su singularidad y calidad merecen mucho más. Unas cuantas mesitas pequeñas preceden a una cocina a la vista en la que todo tiene un aspecto estupendo. La oferta culinaria es variopinta, curiosa y muy creativa. El restaurante tiene un rincón dedicado a la alta charcutería, de la que uno puede disfrutar durante el ágape, además de ofrecer una carta que es una mezcla perfecta entre cocina mediterránea, de mercado y francesa. Es el perfecto restaurante para los amantes de lo exclusivo y de los lugares de minorías.

G12

diputació, 269   t. 934880977

► L 2, 3, 4 (passeig de gràcia)
🚌 L 7, 39, 45, 47, 50, 54, 56
www.carlesabellan.com

Carles Abellán, xef guardonat el 2007 amb una estrella Michelin pel seu Comerç,24, va obrir les portes d'aquest bar de tapes l'abril de 2006. En una zona immillorable, gent diversa i de totes les edats coincideix en un ambient que conserva la calidesa i l'espurna del bar de tota la vida, a més de tenir un toc modern, divertit i actual. El local està obert ininterrompudament tot el dia i per gaudir del menjar hi ha barres, taules-barres o la terraceta.

Carles Abellán, a one-star Michelin chef (in 2007 for his Comerç,24), opened the doors of this tapas bar in April 2006. In a superb location, different people of all ages come together in an atmosphere which retains the warmth and liveliness of the traditional bar, while at the same time introducing a touch of the modern, fun and fashionable. It is open for business all day and features a bar, high tables and small terraces for enjoying the tasty food.

Carles Abellán, *chef* galardonado en 2007 con una estrella Michelin por su Comerç,24, abrió las puertas de este bar de tapas en abril de 2006. En una zona inmejorable, Gente variopinta y de todas las edades coincide en un ambiente que conserva la calidez y la chispa del bar de toda la vida además de tener un toque moderno, divertido y actual. El local está abierto ininterrumpidamente todo el día y para disfrutar de los ágapes hay barras, mesas-barras o la terracita.

laie

pau claris, 85   t. 933027310 / f. 934120250

▶ Ⓜ L 2, 4 (passeig de gràcia), 1, 3 (catalunya)
🚌 L 7, 22, 28, 39, 45, 50, 54, 56, 62, 66
www.laie.es
info@laie.es

Fundada a Barcelona fa més de vint anys, Laie desenvolupa activitats i serveis que giren sempre al voltant de la cultura i el llibre especialment. Aquesta llibreria-restaurant-cafeteria ofereix un catàleg important especialitzat en literatura, art i humanitats, i ja és un referent en la vida literària barcelonina. Situat just a sobre de la llibreria, el cafè ocupa la planta típica d'un pis de l'Eixample barceloní. Els cafès Laie són concebuts com uns espais de trobada on iniciar o perllongar el plaer de la lectura —fullejar un llibre, escriure, xerrar relaxadament—, tot i que també funcionen com a cafès tradicionals.

Founded in Barcelona over 20 years ago, Laie plans activities and services that revolve around culture, and especially around books. This bookstore-restaurant-café offers a broad specialized selection of literature, art and the humanities, and already has a place as a point of reference in the literary life of Barcelona. The café, located just above the bookstore, is housed in a typical Eixample-style apartment. The Laie cafés are conceived as meeting places where one can begin or draw out the pleasure of reading—leaf through a book, write, enjoy a quiet conversation—, although they also operate like a traditional café.

Fundada en Barcelona hace más de 20 años, Laie desarrolla actividades y servicios que giran siempre en torno a la cultura y al libro en especial. Esta librería-restaurante-cafetería ofrece un importante catálogo especializado en literatura, arte y humanidades y ya es un referente en la vida literaria barcelonesa. Situado justo sobre la librería, el café ocupa la planta típica de un piso del Eixample barcelonés. Los cafés Laie son concebidos como espacios de encuentro donde iniciar o prolongar el placer de la lectura —hojear un libro, escribir, charlar relajadamente—, aunque también funcionan como cafés tradicionales.

pere iv, 272-286   t. 933672070

▶ ◈ L 4 (poblenou)
   🚌 L 7, 40, 42, 192
   www.doscielos.com

La filosofia de la seva cuina consisteix a aconseguir el màxim rendiment del producte amb una manipulació mínima. La presentació dels plats és simple, però això no vol dir que sigui senzilla ni fàcil, ja que comporta un llarg procés de reflexió, tècnica i investigació, amb l'objectiu d'oferir una cuina de personalitat. Coneixen bé els productes, busquen els millors, i els cuinen mitjançant la tècnica més precisa per respectar-ne el valor natural i el gust. En la presentació dels plats, l'atractiu visual combina i preserva l'harmonia dels sabors per oferir una experiència gastronòmica excepcional.

The philosophy behind the dishes served here is to make the most of the ingredients while altering them as little as possible. The food is simply presented, but this is not to say that no thought has gone into it, as it entails a long process of reflection, technical mastery, and research, the purpose of which is to offer cuisine with a distinctive personality. The chefs seek out the finest produce, which they prepare with painstaking care and respect for its natural qualities and flavors. The attractive presentation of the dishes enhances and preserves the harmony of the flavors to give the diner an outstanding gourmet experience.

La filosofía de su cocina es conseguir del producto su máximo rendimiento con la mínima manipulación. La presentación de los platos es simple, que no significa sencilla ni fácil, pues conlleva un largo proceso de reflexión, técnica e investigación cuyo objetivo es ofrecer una cocina de personalidad. Conocen bien los productos y buscan el mejor, lo cocinan respetando su valor natural y su sabor utilizando la técnica más precisa. Para la presentación de los platos el atractivo visual conjuga y preserva la armonía de los sabores para que la experiencia gastronómica resulte excepcional.

BARCELONETA-VILA OLÍMPICA

H1   restaurant arola
H2   restaurant agua
H3   l'estel ferit. rebecca horn
H4   una habitación donde siempre llueve. juan muñoz
H5   restaurant bravo 24 / hotel W
H6   baluard barceloneta
H7   el vaso de oro
H8   restaurant torre d'altamar
H9   sense titol. jannis kounellis
H10   crescendo appare. mario merz

la barceloneta-vila olímpica

Fins al segle xiv, la ciutat no va tenir un port pròpiament dit: els vaixells fondejaven prop de la platja o es protegien al costat de Montjuïc. Quan es va construir el moll vell, l'actual Moll de la Barceloneta, la sorra que s'anava dipositant al costat de l'espigó va formar al llarg dels anys una llengua de terra en la qual es va instal·lar el barri de pescadors de la Barceloneta. Als arenals guanyats al mar, que avui componen el substrat d'aquest barri, s'havien anat establint casetes de pescadors. El 1718, i per tal de reallotjar els milers de famílies que s'havien quedat sense casa en ésser enderrocat el barri de la Ribera per construir la Ciutadella, les autoritats militars van decidir construir-hi un barri nou. La Barceloneta, un triangle que s'endinsa al mar, té dos passejos marítims: el passeig de Joan de Borbó, on hi ha els molls del port esportiu i des del qual es contempla Montjuïc, i el passeig Marítim, davant del mar. Més enllà, a la vella zona industrial del Poblenou, es va construir la Vila Olímpica, que va ser la residència dels esportistes que van participar als Jocs Olímpics de 1992. La ciutat va aprofitar aquesta ocasió per fer-se un rentat de cara complet i, aquesta zona, que sempre havia estat un embull de magatzems, línies ferroviàries i indústries d'esquena al mar, es va convertir en un parc immens, que s'estén al llarg de la franja costanera, i en zona residencial.

Until the 14th century, the city did not have a port per se: entering ships would anchor near the beach or take shelter at the foot of Montjuïc. When the old wharf was built (the current Moll de la Barceloneta), sand deposited along the breakwater began to form a peninsula. The newly formed land mass was soon settled by fisherman until, in 1718, the military authorities decided to use the area to relocate the thousands of families in Ribera that had lost their homes for the building of the Ciutadella. The triangular Barceloneta has two seaside promenades: first, the Passeig de Joan de Borbó, which leads to the recreational wharf and views of Montjuïc; and secondly, the Passeig Marítim, which follows along the shore. A bit further down, the area of Poblenou, a one-time industrial area, became the site of the Vila Olímpica, which housed the participants of the 1992 Olympic Games. The city made use of the occasion to give it a complete facelift; and this area, which had always been a messy tangle of warehouses, railroad tracks and industries along the sea, was turned into a residential area and a huge park extending along the strip of coastline.

Hasta el siglo XIV, la ciudad no tuvo un puerto propiamente dicho: los navíos fondeaban cerca de la playa o se resguardaban junto a Montjuïc. Cuando se construyó el viejo muelle, el actual Moll de la Barceloneta, las arenas que se iban depositando junto al espigón formaron a lo largo de los años una lengua de tierra en la que se instaló el barrio de pescadores de la Barceloneta. En 1718, y para realojar a las miles de familias que se habían quedado sin casa al derribar el barrio de la Ribera para construir la Ciutadella, las autoridades militares decidieron construir allí un barrio nuevo. La Barceloneta, un triángulo que se adentra en el mar, cuenta con dos paseos marítimos: el Passeig de Joan de Borbó, donde se encuentran los muelles del puerto deportivo y desde el que se contempla Montjuïc, y el Passeig Marítim, frente al mar. Más allá, en la vieja zona industrial del Poblenou, se construyó la Vila Olímpica, que fue la residencia de los deportistas participantes en los Juegos Olímpicos de 1992. La ciudad aprovechó esta ocasión para hacerse un lavado de cara completo y esta zona, que siempre había sido un enredo de almacenes, líneas ferroviarias e industrias de espaldas al mar, se convirtió en un inmenso parque, que se extiende a lo largo de la franja costera, y en zona residencial.

restaurant arola

hotel arts
marina, 19-21   t. 934838090 / f. 932212018

▶ Ⓜ L 4 (vila olimpica)
🚌 L 10, 36, 45, 57, 59, 71, 92, 99, 157
www.arola-arts.com
info@arola-arts.com

En tons blancs i amb coixins de colors, espelmetes, una cuina de cinc forquilles i una selecció exclusiva de còctels, la terrassa de l'Arola és un dels llocs més especials de la ciutat. A la taula se serveix l'excel·lent menjar mediterrani de la mà de Sergi Arola. A la sala hi ha una combinació ideal entre música en directe i gastronomia. Tots els dijous es pot gaudir d'una sessió de DJ al costat de la piscina.

In white tones and with colorful cushions, candles, a five-star cuisine and an exclusive selection of cocktails, the terrace at Arola is one of the finest eating experiences in the city. Excellent Mediterranean food created by Sergi Arola is served at the tables. The dining room features an ideal combination of live music and cuisine. The pool area hosts a DJ session on Thursdays.

En tonos blancos y con cojines de colores, velitas, una cocina de cinco tenedores y una selección exclusiva de cócteles, la terraza del Arola es uno de los lugares más especiales de la ciudad. En la mesa, se sirve la excelente comida mediterránea de la mano de Sergi Arola. En la sala hay una combinación ideal entre música en directo y gastronomía. Todos los jueves se puede disfrutar de una sesión de DJ junto a la piscina.

restaurant agua

passeig marítim, 30 t. 932251272 / f. 932251861

 M L 4 (vila olimpica)
L 10, 36, 45, 57, 59, 71, 92, 99, 157
www.grupotragaluz.com
marc.agua@grupotragaluz.com

Està situat davant del mar, sota el peix de Frank O. Gehry, als peus de l'hotel Arts, amb una de les terrasses més cobejades i visitades de la ciutat, a peu de platja. L'ambientació elegantment fresca i la il·luminació càlida creen un lloc perfecte per a sopars romàntics sense durada determinada. Pertany al Grup Tragaluz, la qual cosa és un encert segur. La carta, amb pocs plats però molt atractius, ofereix una barreja insòlita de cuina italiana, marinera i del país.

Located beachside under the giant Frank O. Gehry fish sculpture at the foot of the Hotel Arts, this eatery has one of the most envied and popular terraces in the city. Its elegantly fresh atmosphere and warm lighting make this a perfect spot for long romantic dinners. Agua belongs to Grupo Tragaluz, which means it's sure to delight. The menu, which has few but nevertheless tantalizing options, offers a unique mix of Italian and national cuisine, as well as seafood and lighter fares.

Está ubicado frente al mar, bajo el pez de Frank O. Gehry, al pie del hotel Arts, con una de las terrazas más codiciadas y visitadas de la ciudad, a pie de playa. Su ambientación elegantemente fresca y su cálida iluminación hacen de él un lugar perfecto para cenas románticas sin duración determinada. Pertenece al Grupo Tragaluz, convirtiéndose así en un acierto seguro. La carta, con pocos platos pero muy atractivos, ofrece una insólita mezcla de cocina italiana, marinera y del país.

l'estel ferit

rebecca horn

1992

H3

nou passeig marítim / de meer

 <M> L 4 (barceloneta)
🚌 L 17, 36, 39, 45, 57, 59, 64, 157

La columna desencaixada de calaixos d'habitacions modulars que Rebecca Horn va crear a la platja de la Barceloneta utilitza descaradament la verticalitat per establir que l'obra és un homenatge. Es tracta d'un homenatge a la Barceloneta, als seus habitants, als seus transeünts i a la seva història de transformació urbana. Especialment és una commemoració als restaurants de peix i quiosquets que van ser enderrocats a la zona. Per una vegada l'evidència corpòria està absent, si bé l'absència no és, tanmateix, completa, ja que els murmuris i els centelleigs en són la seva empremta.

The disjointed stack of modular cube-shaped rooms on the Barceloneta beach was created by Rebecca Horn. It unabashedly utilizes verticality to establish the work as a tribute. In fact, it is a tribute to Barceloneta itself, to its inhabitants, to its passersby and to its history of urban transformation. Particularly, it is a memorial to the seafood restaurants and refreshment stalls that were demolished there. In this case, the physical evidence is gone and has been replaced by the bare walls that contained it. This loss is not absolute, however, since the murmurs and camera flashes are a kind of enduring legacy.

La columna desencajada de cajones de habitaciones modulares que Rebecca Horn creó en la playa de la Barceloneta, utiliza descaradamente la verticalidad para establecer que la obra es un homenaje. Se trata de un homenaje a la Barceloneta misma, a sus habitantes, a sus transeúntes y a su historia de transformación urbana. En especial es una conmemoración a los restaurantes de pescado y chiringuitos que fueron derribados en la zona aunque la ausencia no es, sin embargo, completa pues los susurros y los destellos son su huella.

una habitación donde siempre llueve

juan muñoz

1992

 <M> L 4 (barceloneta)
L 17, 36, 39, 45,
57, 59, 64, 157

Situada al costat de la platja de la Barceloneta, la instal·lació que l'artista madrileny va concebre per a *Configuracions Urbanes* convida el passejant a apropar-s'hi i observar detingudament. L'obra estableix un espai inquietant que connecta amb l'*umbracle* del Parc de la Ciutadella, però en aquest cas sense plantes a l'interior sinó a l'exterior, on els arbres conformen un entorn superposat. Només els personatges romanen sota l'enreixat, disposats per a la trama, com personatges pirandel·lians a la recerca del seu autor.

Located next to the Barceloneta beach, the installation conceived by the Madrid artist for *Configuraciones Urbanas* invites the passerby to come closer and observe carefully. The work establishes an unsettling space reminiscent of the *umbracle* (greenhouse) of Ciutadella park, but in this case with plants outside rather than inside, where the trees create a superimposed setting. Only the characters remain beneath the barred enclosure, arranged within the weave, like Pirandellian characters searching for their author.

Situada junto a la playa de la Barceloneta la instalación que el artista madrileño concibió para *Configuraciones Urbanas* invita al paseante a acercarse y observar detenidamente. La obra establece un espacio inquietante que conecta con el *umbracle* del parque de la Ciutadella, pero en este caso sin plantas en el interior sino en el exterior, donde los árboles conforman un entorno superpuesto. Sólo los personajes permanecen bajo el enrejado, dispuestos para la trama, como personajes pirandellianos en busca de su autor.

restaurant bravo 24 / hotel W

H5

plaça de la rosa dels vents, 1   t, 932952636

▶   Ⓜ L 4 (barceloneta)
🚌 L 17, 39, 64
www.carlesabellan.es
bravo24@carlesabellan.com

En format de tapes, hi serveixen croquetes, bombes de la Barceloneta, bunyols i amanides. També s'hi poden prendre ostres, un clar homenatge als habitants de la Bàrcino Romana, quan aquesta ciutat les subministrava a la resta de l'imperi. Una altra de les apostes fortes del Bravo 24 és la carta d'arrossos i pastes. Bravo 24 disposa d'una barra que està oberta, de manera ininterrompuda, des de les 13.30 fins a les 23.00 hores. A més, des de la fantàstica terrassa es contempla una de les millors vistes de la Ciutat Comtal.

Croquettes, Barceloneta 'bombs' (potato stuffed with mince served with a spicy sauce), fritters and Russian salad are served here as tapas alongside oysters, a clear tribute to the residents of Barcino in Roman times, when the city supplied oysters to the whole of the Empire. The Bravo also has an impressive menu of paellas and other rice and pasta dishes. The Bravo restaurant bar is open continuously from 1.30 to 11.00 pm. An additional attraction is its wonderful outdoor terrace, which offers one of the finest views of Barcelona.

En formato "tapa", se sirven croquetas, bomba de la Barceloneta, buñuelos y ensaladilla. También se pueden encontrar ostras, un claro homenaje a los habitantes de la Barcino Romana, cuando esta ciudad suministraba ostras al resto del Imperio. Otra de las apuestas fuertes del Bravo es la carta de arroces y pastas.

El restaurante Bravo dispone de una barra abierta desde las 13.30 hasta las 23.00 ininterrumpidamente. Se puede disfrutar de una de las mejores vistas de la ciudad condal desde su maravillosa terraza.

baluard barceloneta

baluard, 38-40 baixos   t. 932211208

▶   Ⓜ L 4 (barceloneta)
🚌 L 17, 36, 39, 45, 57, 59, 64, 157
www.baluardbarceloneta.com
info@baluardbarceloneta.com

Anna Bellsolà va obrir aquesta fleca al costat del renovat Mercat de la Barceloneta en la qual tots els pans es couen en forns de llenya i s'elaboren amb llevat natural. Un pa elaborat a Baluard aguanta perfectament un parell de dies. Una de les poques mostres que avui dia es poden trobar a la ciutat de l'ofici tradicional de forner.

Anna Bellsolà opened this bakery next to the renovated Barceloneta market. Here all the bread is baked in wood-burning ovens and made with natural yeast. Bread baked by Baluard will remain fresh for several days. One of the few examples of traditional artisan bread in the big city.

Anna Bellsolà abrió esta panadería junto al renovado Mercado de la Barceloneta en la que todos los panes se cuecen en hornos de leña y se elaboran con levadura natural. Un pan elaborado en Baluard aguanta perfectamente un par de días. Una de las pocas muestras que hoy en día se pueden encontrar en la ciudad del oficio tradicional de panadero.

el vaso de oro

balboa, 6   t. 933193098

▶ Ⓜ L 4 (barceloneta)
🚌 L 17, 36, 39, 45, 57, 59, 157

És una de les cerveseries amb més solera de la ciutat. Està plena qualsevol dia de la setmana, a qualsevol hora, i el cap de setmana és difícil accedir a la barra que està de gom a gom per gaudir de la qualitat excel·lent de les tapes. Els efluvis abundants d'oli no impedeixen que una clientela fidel i entusiasmada devori amb avidesa totes les seves especialitats (amanides, seitons, botifarrons, pop i una llarga llista de tapes clàssiques). Aquestes tapes es canten com ja es fa en pocs llocs: de viva veu i amb bon humor, malgrat les quantitats ingents de feina que els cambrers, amb anys de servei al client i professionalitat, tenen a tota hora.

Is one of the most traditional pubs in the city. It's crowded every day of the week, at any given time. And on weekends you'll have to push through the pack to reach the bar in order to enjoy the excellent tapas. The intense aroma of oil doesn't keep the loyal and eager customers from eagerly devouring all the specialties (salads, white anchovies, blood sausage, octopus, and a long list of traditional tapas). The waiters are constantly bombarded by an enormous and constant workload but remain professional through years of experience in customer service. With a cheery voice and a dose of good humor, waiters sing out the arrival of new dishes, a practice rarely seen today.

Es una de las cervecerías con más solera de la ciudad. Está llena cualquier día de la semana, a cualquier hora, y el fin de semana es difícil acceder a su rebosante barra para disfrutar de la excelente calidad de sus tapas. Los abundantes efluvios de aceite no impiden que una clientela fiel y entusiasmada devore con avidez todas sus especialidades (ensaladillas, boquerones, morcilla, pulpo, y una larga lista de tapas clásicas). Éstas se cantan como ya se ve hacer en pocos sitios: a viva voz y con buen humor pese a las cantidades ingentes de trabajo que los camareros, con años de servicio al cliente y profesionalidad, tienen a todas horas.

restaurant torre d'altamar

H8

passeig de joan de borbó, 88   t. 932210007 / f. 932210090

▶ L 4 (barceloneta)
🚌 L 17, 39, 64
www.torredealtamar.com
reserves@torrealtamar.com

Aquest mirador gastronòmic situat a 75 m sobre el Mediterrani, a la Torre de Sant Sebastià, no només ofereix unes vistes úniques i excepcionals, sinó que hi podem degustar també una excel·lent carta de peixos frescos i productes del mercat diari. És una opció elegant tant per a gent de negocis que vulgui ensenyar la ciutat als clients com per a qui vulgui gaudir d'una vetllada inoblidable. De nit obre a les 19.00 hores per poder gaudir de les postes de sol i les nits estrellades abans de posar-se en mans de la cuina excel·lent d'Óscar Pérez.

This culinary viewpoint which towers 75 m (nearly 250 ft.) above the Mediterranean in the Sant Sebastià Tower, not only offers exceptional, one-of-a-kind views, but also offers an excellent menu of fresh fish and daily market produce. It is an elegant option both for businesspeople who want to show off their city to clients and for those who wish to enjoy an unforgettable evening. It opens evenings at 7:00 PM to watch the sun set and stars come out before succumbing to Óscar Pérez's excellent cuisine.

Este mirador gastronómico situado a 75 m sobre el Mediterráneo, en la Torre de Sant Sebastià, no sólo ofrece unas vistas únicas y excepcionales, sino que aquí podemos degustar también una excelente carta de pescados frescos y productos del mercado diario. Es una elegante opción tanto para gente de negocios que quiera enseñar su ciudad a los clientes como para quien quiera disfrutar de una velada inolvidable. De noche abre a las 19.00 horas para poder disfrutar de las puestas de sol y las noches estrelladas antes de ponerse en manos de la excelente cocina de Óscar Pérez.

sense títol
jannis kounellis

1992

La balança que penja ocupada per sacs de cafè que penjen de la paret mitjanera a prop del Centre Cívic de la Barceloneta, redunda en la tradició portuària de la ciutat i en la seva naturalesa de cruïlla cultural. La idea de pes i verticalitat enfatitzats confirma el desig de centralitat i equilibri com a clau primordial d'existència i de coneixement en un entorn en que l'artista solament va fer servir materials naturals als quals no va aplicar cap tractament. Ell, un dels representants de *l'art povera*, presentà aquesta escultura per a la mostra *Configuracions urbanes* de 1992.

The hanging scale holding sacks of coffee that hang from a dividing wall next to Barceloneta's Centre Cívic reflects the city's port tradition and its nature as a cultural crossroads. The idea of emphasizing weight and verticality confirms the desire for centrality and equilibrium as a fundamental key to existence and knowledge in a setting in which the artist used only untreated natural materials. Kounellis, a member of the Arte Povera movement, presented this sculpture for the *Configuraciones Urbanas* exhibition in 1992.

La balanza colgante ocupada por sacos de café que penden de la pared medianera junto al Centre Cívic de la Barceloneta redunda en la tradición portuaria de la ciudad y en su naturaleza de encrucijada cultural. La idea de peso y verticalidad enfatizados confirma el deseo de centralidad y equilibrio como clave primordial de existencia y de conocimiento en un entorno en que el artista sólo utilizó materiales naturales a los que no aplicó ningún tratamiento. Él, uno de los representantes del *arte povera*, presentó esta escultura para la muestra *Configuraciones urbanas* de 1992.

crescendo appare

mario merz

1992

▶ <Ⓜ> L 4 (barceloneta)
🚌 L 17, 36, 39, 45, 57, 59, 64, 157

L'obra que Merz va emplaçar en el passeig del Moll de la Barceloneta, per a la mostra *Configuracions Urbanes* el 1992, és una sèrie de Fibonacci que, arran de terra i protegida pel vidre, evoca la música pitagòrica de les coses, els secrets del natural i la secció àuria de l'art. A més, la sèrie, distribuïda visualment en progressió, d'acord amb el seu ritme numèric, s'encasta completament en l'empedrat que és, al seu torn, mosaic històric de progrés industrial i emblema de lluita social.

Merz laid this work on the Passeig del Moll in the Barceloneta for the 1992 *Configuraciones Urbanas* exhibition. It is a Fibonacci series that, set flush with the ground and protected under glass, evokes the Pythagorean music in objects, secrets of what is natural and the aural side to art. Moreover, the series, distributed in a visual progression according to their numeric tempo, is completely imbedded in the pavement that is itself an historical mosaic of industrial progress and symbol of social struggle.

La obra que Merz emplazó en el Passeig del Moll de la Barceloneta para la muestra *Configuraciones Urbanas* en 1992, es una serie de Fibonacci que, a ras de suelo y protegida por el cristal, evoca la música pitagórica de las cosas, los secretos del natural y la sección áurea del arte. Además, la serie, distribuida visualmente en progresión, de acuerdo con su ritmo numérico, se incrusta completamente en el adoquinado que es, a su vez, mosaico histórico de progreso industrial y emblema de lucha social.

índex

A

agua p. 209
arola p. 208

B

baluard barceloneta p. 216
barcelonareykjavik p. 90
boadas cocktail bar p. 80
boca grande p. 156
bodega 1900 p. 111
born p. 28
jaume plensa
bravo 24 / hotel W p. 214
bubó p. 42

C

caelum p. 66
cafè de l'òpera p. 60
café de paris p. 130
caixaforum p. 119
cal pep p. 15
campana, la p. 31
cañete p. 97
casa gispert p. 38
casa milà p. 190
castafiore, la p. 166
central del raval, la p. 86
cereria subirà p. 52
comerç,24 p. 18
comercial, la p. 24
coquette p. 26
coure p. 136
crescendo appare p. 221
mario merz
cuines de santa caterina p. 16

D

deuce coop p. 20
james turrell
dos cielos p. 202
dos palillos / hotel camper p. 88

E

escribà p. 94
església de santa maria del mar p. 40
espai kru p. 112
estel ferit, l' p. 210
rebecca horn

F

flash flash p. 134
flax & kale p. 82
fundació joan miró p. 114
jaume freixa

G

ganiveteria roca p. 62
gouthier p. 124
granja dulcinea p. 61
granja viader p. 81

H

heritage p. 68
hofmann p. 133
hofmann pastisseria p. 30
homenatge a picasso p. 22
antoni tàpies

I

illa de la discòrdia p. 174

J

jaime beriestain p. 188
jardí botànic p. 116
jean pierre bua p. 150
jofré p. 126

K

koy shunka p. 72

L

laie p. 201
lola bou p. 131
luthier p. 196

M

masia de la boqueria, la p. 132
mercat de la boqueria / bar pinotxo p. 92
monroe, la p. 98
monvínic p. 172
múrria p. 194
museu d'art contemporani de barcelona (MACBA) p. 84
richard meier & partners
museu picasso p. 34
mut / mutis p. 180

N

nobodinoz p. 140
nomad coffee p. 14
noténom / odd p. 192

O

obach p. 56
oriol balaguer p. 128
oro líquido p. 65
ox p. 142

P

pakta p. 110
palau de la música p. 12
papabubble p. 50
pavelló mies van der rohe p. 118
pineda, la p. 64

Q

quilez p. 168
quimet i quimet p. 104

R

ravell p. 198
rei de la màgia, el p. 32
roca moo / hotel omm p. 184
roig robí p. 138
roomservice bcn p. 85

S

sabater hermanos p. 67
saló del tinell p. 54
santa eulalia p. 160
schilling p. 58
sense titol p. 220
jannis kounellis
shunka p. 70
speakeasy / dry martini p. 154
suculent p. 96

T

taktika berri p. 164
taller de norman vilalta p. 170
tanta p. 165
tapaç,24 p. 200
the avant p. 162
the outpost p. 182
tickets p. 108
torre d'altamar p. 218
tragaluz p. 158

U

una habitación donde siempre llueve p. 212
juan muñoz

V

valentín p. 199
vaso de oro, el p. 217
velódromo, bar p. 152
viena p. 78
vila viniteca p. 44
vinçon p. 186

X

xampanyet, el p. 36
xe-mei p. 106

Y

yashima p. 148

crèdits fotogràfics / photographic credits / créditos fotográficos:

Carles Allende, cortesia Bravo 24 (pp. 214-215); Carles Allende, cortesia Suculent (p. 96); Alejo Bagué (p. 117); Lluís Capdevilla, cortesia Dos Palillos (p. 89 esquerra i inferior esquerra); Lluís Casals (p. 118); Carlos Collado (pp. 15, 26-27, 31, 32-33, 34-35, 36-37, 38-39, 40-41, 44-45, 50-51, 52-53, 56-57, 58-59, 60-61, 62-63, 64-65, 66, 68-69, 70-71, 78-79, 80, 85, 86-87, 90-91, 92-93, 94-95, 104-105, 106-107, 119, 124-125, 130-131, 132, 142-143, 152-153, 164, 166-167, 168-169, 170-171, 180-181, 192, 194-195, 196-197, 199, 216-217, 218-219, 220); Pere Cortacans, cortesia Koy Shunka (pp. 72-73); Cortesia Arola (p. 208); Cortesia bar Cañete (p. 97); Cortesia Boca Grande (pp. 156-157); Cortesia Bubó (pp. 42-43); Cortesia Comerç, 24 (pp. 18-19); Cortesia Coure (pp. 136-137); Cortesia Dos Cielos (pp. 202-203); Cortesia Espai Kru (pp. 112-113); Cortesia Flash Flash (pp. 134-135); Cortesia Flax & Kale (pp. 82-83); Cortesia Grupo Tragaluz (pp. 16-17, 158, 184 dreta, 209); Cortesia Hofmann (pp. 30, 133); Cortesia Jaime Beriestain (pp. 188-189); Cortesia Jean Pierre Bua (pp. 150-151); Cortesia Jofré (pp. 126-127); Cortesia La Comercial (pp. 24-25); Cortesia Laie (p. 201); Cortesia Museu d'Art Contemporani de Barcelona (MACBA) (p. 84); Cortesia Museu d'Història de la Ciutat i Archivo Angle Editorial (p. 55); Cortesia Nobodinoz (pp. 140-141); Cortesia Notenom/Odd (p. 193 esquerra); Cortesia Oriol Balaguer (pp. 128-129); Cortesia Ravell (p. 198); Cortesia Roig Robí (pp. 138-139); Cortesia Sabater Hermanos (p. 67); Cortesia Santa Eulalia (p. 161 superior); Cortesia Speakeasy / Dry martini (pp. 154-155); Cortesia Tanta (p. 165); Cortesia Tapaç, 24 (p. 200); Cortesia Viader (p. 81); Cortesia Vinçon (pp. 186-187); Cortesia Yashima (pp. 148-149); Jorge Cueto, cortesia Monvínic (p. 172 esquerra); Irene Fernández, cortesia La Monroe (pp. 98-99); Ferran Freixa (pp. 114-115); French-Photo, cortesia Notenom / Odd (p. 193 dreta); Francesc Guillamet, cortesia Dos Palillos (p. 89 inferior dreta); Marc Jansá, cortesia The Avant (pp. 162-163); Melba Levick (pp. 13, 23, 181 esquerra); Mihail Moldoveanu (p. 211); Joseph Piella, cortesia The Outpost (pp. 182-183); Olga Planas, cortesia Grupo Tragaluz (pp.159, 185 inferior); Maribel Ruiz de Erenchun, cortesia Dos Palillos (pp. 88, 89 superior dreta); Massimo Piersanti (pp. 20-21, 29, 210, 212-213, 221); Ben Sellon, cortesia Nomad Coffee Productions (p. 14); Moisés Torne, cortesia bcn 5.0 (pp. 108-109, 110-111); Rafael Vargas (pp. 190-191, 175 central i dreta); Rafael Vargas, cortesia Grupo Tragaluz (pp. 184 esquerra, 185 superior); VCrown, cortesia Monvínic (pp. 172 dreta, 173); Fritz von der Schulenburg, cortesia Santa Eulalia (pp. 160-161 inferior).

Edita: Ediciones Polígrafa

Textos: Olympia Vidal-Ribas
Traduccions: Kelley Smilkstein, Sue Brownbridge (anglès), Sílvia Soler i Orfila, Gemma Salvà (català)
Disseny: Estudi Polígrafa / Carlos J. Santos
Fotomecànica: Estudi Polígrafa / Annel Biu
Impressió: Comgràfic, Barcelona

ISBN: 978-84-343-1347-7 Polígrafa

Dip. legal: B. 0143 - 2015 (Printed in Spain)